Arno Pagel

Jakob Gerhard Engels

Von der Macht eines wahren Jüngers Jesu

VLM

Verlag der
Liebenzeller Mission
Bad Liebenzell

ISBN 3 88002 234 8

3. überarbeitete Auflage 1984

Umschlagfoto: Gerhard Rau
Satz: Graphik-Studio W. Six, Altötting
Herstellung: St.-Johannis-Druckerei, Lahr-Dinglingen
Printed in W.-Germany

Inhalt

Vorwort

Nachdem die kleine Biographie über Jakob Gerhard Engels viele Jahre vergriffen war, wird sie hier noch einmal vorgelegt. Die geistliche Wirkung und Bedeutung dieses Pfarrers und Pietisten aus dem Oberbergischen ist von vielen erkannt und bezeugt worden, z. B. von seinem Freund Otto Funcke (1836 – 1910), dem bekannten christlichen Schriftsteller.

Einen Hinweis auf Engels entdeckte ich an einer Stelle, wo ich ihn nicht vermutet und gesucht hätte: Kein Geringerer als der bedeutende Theologieprofessor Julius Schniewind (1883 – 1948) hat den Pfarrer aus Nümbrecht sehr geschätzt, ja, er ist von diesem geistlich mit geprägt worden. Dies erfährt man aus dem Buch von Hans-Joachim Kraus: „Julius Schniewind – Charisma der Theologie". Dort lauten einige Sätze wie folgt: „Einen unauslöschlichen Eindruck hinterließ in Schniewinds Leben die Botschaft von Pastor Jakob Gerhard Engels... Um den Pietismus in seinem innersten Bestreben kennenzulernen, lese man einmal die dreißig Sätze, die nach seinem Tode bei Engels gefunden wurden. (Anmerkung: Diese Sätze sind in diesem Buch abgedruckt auf S. 74–75).

Die treue Frömmigkeit, die aus den dreißig Sätzen spricht, ist keineswegs, wie es zunächst den Anschein haben könnte, ein Katalog von Vorsätzen, die der Vollkommenheit des eigenen Ichs nachstreben; sie sind Abschattungen der Ergriffenheit und des Durchdrungenseins des ganzen Lebens von der Tatsache: ‚Ich bin dein!' Aus diesem Bekenntnis zu Jesus Christus kommen die einzelnen Sätze heraus. ‚Hilf mir, daß ich täglich sterbe und die Welt mir gekreuzigt ist und daß dein Liebes- und Friedensgeist mich durchdringt!' So betet Jakob Gerhard Engels. In dieser Frömmigkeit, vor allem in ihrem Herzstück, dem täglichen Sterben und

Sich-selbst-Übergeben, ist Schniewind Christ und Theologe geworden.

Mit großer Wärme und Ehrfurcht sprach er von den Männern des Pietismus, besonders von Jakob Gerhard Engels. Christsein hieß für Schniewind: mit Leib und Seele Jesu Christi eigen sein; mit Gedanken und Worten, im Wünschen und Wollen ihm allein gehören."

Dieses „Christus allein gehören" hatte bei Engels und bei Schniewind seinen Grund in der Heilstat Jesu Christi, durch die dem glaubenden Sünder die Gerechtigkeit, die vor Gott gilt, zuteil wird. Die aus Gnaden Gerechtgesprochenen wollen nun in Dank und Liebe ganz ihrem Herrn gehören und ihm unter den Menschen dienen – in seiner Kraft, ihm zur Ehre.

Julius Schniewind hat unübertroffene Auslegungen des Matthäus- und Markusevangeliums geschrieben. Er hat in Königsberg und Halle Vorlesungen gehalten, in denen sich strenge Wissenschaftlichkeit mit seelsorgerlichem Mühen um die Studenten paarte. Er hat im Kirchenkampf des Dritten Reiches tapfer seinen Mann gestanden und enge Kontakte mit der ostpreußischen Gemeinschaftsbewegung unterhalten. Daß ein solch profilierter Mann den schlichten Pfarrer von Nümbrecht und seine Botschaft so schätzte und sich zu ihr bekannte, hat meine Freudigkeit, die Engelsbiographie noch einmal herauszugeben, stark vermehrt. Ich hoffe, daß viele Leser von dem Büchlein Segen und Gewinn haben.

Das einzige Foto, das aus den späteren Lebensjahren von Jakob Gerhard Engels existiert, fand sich in den früheren Auflagen auf der ersten Umschlagseite. Jetzt ist auf dieser ein Bild der baulich eindrucksvollen Kirche von Nümbrecht zu sehen, in der Engels 45 Jahre lang mit nie nachlassender Vollmacht gepredigt hat. Das genannte Foto ist an den Anfang des Buchinneren gerückt. Es ist übrigens ohne Wissen von Engels angefertigt worden. Der demütige Mann hielt nichts von seinem Porträt. Es ist auch weniger das Gesicht, das hervortritt. Man muß die ganze Gestalt auf sich wirken lassen. Es ist die eines alten, innerlich und äußerlich gebeugten Jüngers Jesu. Ein demütiges, gebeugtes Herz – wie oft hat Engels seinen himmlischen Herrn darum gebeten!

Arno Pagel

Menschlicher und göttlicher Adel

Jakob Gerhard Engels (1826 – 1897), der Mann, von dem die Blätter dieses Büchleins erzählen sollen, ist aus vornehmem Geschlecht gewesen. Der hugenottische Ahnherr ist einst um seines evangelischen Glaubens willen aus Frankreich ausgewandert. Er trug den adligen Namen d'Ange, hat ihn aber in der neuen Heimat mit dem schlicht-bürgerlichen Engels vertauscht. Um 1560 finden wir ihn in dem Ruhrstädtchen Kettwig, wo er unter großen Schwierigkeiten, aber mit zähem Fleiß sein altes Gewerbe, die Tuchfabrikation, wieder ausübte.

Der Sohn des Ahnherrn hat sich in den Wirren des Dreißigjährigen Krieges der Theologie zugewandt. Er hat damit die Reihe der Pastoren aus der Familie Engels eröffnet, die durch sieben Generationen hindurch in den reformierten Gemeinden des Niederrheins und des Bergischen Landes in der Glaubenskraft und Bibeltreue der hugenottischen Vorfahren das Predigtamt verwaltet haben. Auch in der dürren Zeit des Vernunftglaubens sind sie Zeugen des lauteren Evangeliums geblieben. Sie waren Führernaturen und Friedensmenschen. Ja, es war eine bedeutende Tradition, in der Pastor Jakob Gerhard Engels, der letzte und edelste in dieser langen Reihe, wurzelte.

Daß er schon einen natürlichen Adel überkommen hatte, ist stets an Jakob Engels sichtbar gewesen. Der Mann war 45 Jahre lang in einer rheinischen Landgemeinde Pfarrer. Man hat aber nie eine Spur von „Verbauerung" an ihm bemerkt. Es ging immer Würde von ihm aus. Der hohe Wuchs, das ganze Auftreten hatte etwas Aristokratisches. Dabei hatte er nichts Unnahbares an sich, sondern war voll Milde und Menschenfreundlichkeit, so daß ein stets wachsendes Vertrauensverhältnis ihn und seine Gemeinde verband.

Schöner aber als der Adel, den natürliche Herkunft

verleiht, ist bei Engels der Adel gewesen, der aus der Gotteskindschaft kommt. Diesen hat er nicht einfach von seinen Vorfahren übernehmen können, den hat er gewonnen, weil Gott ihn in die Gefolgschaft des Herrn Jesus Christus rief und er glaubend auf diesen Ruf einging. Es ist ein hoher königlicher Geist, der die Jesusleute beflügelt. Engels hat ihn besessen und ihn einmal fein folgendermaßen beschrieben:

„Wenn wir in der Gemeinschaft mit dem Herrn stehen, so bekommen wir einen königlichen Geist. – Die Gläubigen sind Könige der Sünde gegenüber. Sie herrscht nicht mehr über uns, sondern wir über sie. Wir kämpfen und siegen, und mag es auch zuweilen durch Straucheln gehen, der königliche Geist gewinnt immer wieder die Oberhand. – Die Gläubigen sind Könige, weil ihnen alles zum besten dienen muß, was auch kommen mag. Sie sind der ganzen Welt mächtig: Alles ist euer! – Die königliche Gesinnung besteht in einem weiten Herzen und zeigt sich in den großen Gedanken. Die Gläubigen wachsen über den engen Familienkreis hinaus. Ihr Blick und ihr Interesse richtet sich auf den weltumfassenden Reichsplan ihres großen himmlischen Königs. Der Reichsgedanke ist ein großer Gedanke, der nur in königlichen Herzen wohnt.

Die königliche Gesinnung zeigt sich auch in den Worten. Die Gläubigen wissen auch zu schweigen. ‚Am Schweigen werden sie erkannt.' Welch königliche Hoheit ruht auf dem Schweigen des Herrn: ‚Und da er verklagt ward von den Hohenpriestern und Ältesten, antwortete er nichts!' Dies Schweigen haben die Gläubigen von dem König mit der Dornenkrone gelernt. Und reden sie, so ist ihr Wort lieblich und mit Salz gewürzt. – Die königliche Gesinnung gibt sich endlich in den Handlungen kund. Sie ist frei von jeder kleinlichen Eifersucht, jedem kleinlichen Besserwissenwollen, jeder kleinlichen Parteisucht. Sie macht ferner freigebig, macht zu fröhlichen Gebern, sucht den Brüdern im geistlichen und leiblichen Elend zu helfen. O laßt uns vor der Welt immer in diesem königlichen Geist und dieser königlichen Gesinnung wandeln, damit sie Achtung bekommt vor unserm großen himmlischen König!

Schenke, Herr, auf meine Bitte
mir ein göttliches Gemüte,
einen königlichen Geist,
mich als dir verlobt zu tragen,
allem freudig abzusagen,
was nur Welt und irdisch heißt."

Den königlichen Geist, den wahren Adel, haben die königlichen Kinder Gottes. Engels ist ein Gotteskind gewesen. Das spürten tief die, die mit ihm umgingen. Aber wie ist er's geworden? Wie geschah es, daß er sein Leben in die Hand Jesu Christi gab? Daß es zu solcher Übergabe klar und gründlich gekommen sein muß, das beweist sein ganzes Leben und Wirken. Aber es ist nicht möglich, auf die Stunde genau das Datum seiner Bekehrung festzustellen. Engels hat zeit seines Lebens eine heilige Keuschheit bewahrt und in die innersten Dinge seines geistlichen Werdens eigentlich nie jemanden hineinsehen lassen. Aber doch ist da ein Zeitpunkt, von dem an ganz deutlich zu merken ist: Neues ist geworden. Spüren wir ein wenig der Entwicklung nach!

In Inden (Kreis Jülich) im Rheinland wurde Jakob Gerhard Engels am 5. Oktober 1826 als der Sohn eines Pfarrers geboren. Bald zog der Vater nach Köln, wo er eine lange und gesegnete Lebensarbeit tat. Dort wuchs Jakob Gerhard fröhlich und unbeschwert heran. Aber in einem ersten zarten Keim senkte sich schon früh das inhaltschwere Wort „Ewigkeit", das später so unvergeßlich aus Engels' Wesen und Wandel leuchtete, in des Buben Herz. Das war, als er das kleine Brüderchen Otto, das von einer Gehirnhautentzündung dahingerafft worden war, auf der Totenbahre liegen sah. Gewiß hat auch der Konfirmandenunterricht, den der treue Pastor Küppers erteilte, Spuren hinterlassen. Engels hat stets seines Seelsorgers in Dank und Liebe gedacht.

Im August 1844 besteht Engels die Reifeprüfung und siedelt hochgemut nach Berlin über, wo er sich an der Universität als Student der Philosophie einschreiben läßt. Er hört auch eine theologische Vorlesung bei dem klar bibelgläubigen, aber höchst streitbaren Professor Hengstenberg, dessen Wesen ihm „gedrückt pietistisch" vorkommt. Im übrigen erfreut er sich auch an Kunst und Konzerten. Von tieferen Regungen ist nicht die Rede. Doch nur ein Semester lang dauert für den Studiosus Engels die goldene akademische Freiheit in Berlin, dann holt ihn der Vater in die Nähe, in das schöne Bonn am Rhein. Dort wendet sich nun Engels zwar der Theologie zu, gibt sich aber zunächst noch lieber jugendfrohem studentischem Treiben als ernsthaftem Studium hin.

In die stille Zeit der Vorbereitung auf das erste theologische Examen bricht der Sturm der deutschen Revolution von 1848 hinein. Wie viele junge Idealisten damals ist auch Jakob Engels für die Sache der Freiheit und der Volksrechte hell entflammt. Er stellt sich sogar, schwarzbefrackt, mit einem hohen Zylinder auf dem Haupt und einem alten Gewehr auf der Schulter, in die Reihen der Kölner Bürgerwehr. Enttäuscht und ernüchtert merkt er aber bald, daß zwischen der schönen Idee und ihrer Verwirklichung ein garstiger Graben klafft. In einem Verwandtenbrief lesen wir, wie ihm in dieser Zeit eigentlich zum erstenmal eine Ahnung aufgeht von der Schönheit rechter Theologie:

„Ihr denkt, so hoffe ich, auch zuweilen an das alte Köln zurück und den armen Jakob, der jetzt oben – auf dem früheren Studierzimmer Vaters – in der Theologie als in einer Oase mitten in der Wüste der Herrschsucht und des Egoismus unserer Zeit Erquickung und Frieden sucht."

Nach dem ersten Examen tut der Pfarrvikar Engels drei Monate lang im alten Rheinstädtchen Kaiserswerth

Dienst. Das ist im Jahre 1849. In eben diesem Jahre hat Engels ganz offenkundig die entscheidende Hinwendung zum Herrn Jesus Christus und seinem Dienst vollzogen. Das ist nicht durch einen weithin sichtbaren Bruch in der Lebensgeschichte geschehen. Es ist wohl so gewesen, daß unter der Last und Verantwortung des auf so junge Schultern gelegten Predigtamtes das Wissen erwachte und die heilige Forderung vor die Seele trat: Wer dem Herrn unter den Menschen dienen will, muß selber klar sein Eigentum sein.

Engels hat sich dem Herrn Jesus Christus zu eigen gegeben und ist dann überraschend schön und schnell in der Nachfolge gereift. Anders wäre nämlich das prachtvolle Zeugnis nicht erklärlich, mit dem die Kirchenvorsteher der Gemeinde Kaiserswerth den jungen Mann, der nicht einmal drei Monate unter ihnen geweilt und gewirkt hat, verabschiedet haben:

„Die unterzeichneten Mitglieder des Presbyteriums der evangelisch-unierten Gemeinde zu Kaiserswerth fühlen sich gedrungen, freiwillig und ohne irgendeine an sie gemachte Aufforderung Zeugnis abzulegen vor sämtlichen Gemeinden evangelischer Brüder Rheinlands und Westfalens über die treue Amtsführung des Kandidaten Jakob Engels von Köln während seiner Vikarierung vom 10. Juni d. J. an bis heute, in welch kurzer Zeit er sich die allseitige Liebe der Gemeindegenossen errungen hat. Möge er recht bald Gelegenheit finden, die bei uns bewiesenen Talente seelsorgerlicher Tätigkeit, entsprungen aus einem Gemüt recht inniger, christlicher Nächstenliebe, im Kreise seiner eigenen Pfarre zu bewähren! Dazu verleihe der Herr der Kirche seinen vollen Segen!

Kaiserswerth, den 24. August 1849."

Wenig später wird Engels zum Militärdienst in Köln eingezogen. Seine soldatischen Pflichten lassen ihm noch manche freie Zeit. Und diese gehört mit dem Feuer der ersten Liebe der Mitarbeit im neu gegründeten Kölner Jünglingsverein. Die Mutter kann nur staunen, was ihr Junge neben seinem Soldatendienst alles leistet. Den neuen Ton, der in Engels' Leben aufgeklungen ist, hören wir deutlich aus einem Brief heraus, den er an den Westdeutschen Jünglingsbund in Elberfeld schreibt und in dem er den Kölner Verein zur Aufnahme in den Bund anmeldet:

„In der kurzen Zeit des Bestehens unseres Vereins haben wir schon Erfahrungen machen und prüfen können, ob ein wahres, echtes Band die Vereinsgenossen zusammenhält oder ob es ein, zwar anfangs hell aufflackerndes, dann aber bald verlöschendes Strohfeuer gewesen ist. Bauen wir nur in der Zukunft immer auf den, der allein Segen und Gedeihen geben kann, der aber auch allein die Ehre haben will! O wie haben wir uns gefreut, was war das für ein Händedrücken, als jüngst Herr Clarenbach von Ronsdorf im Auftrag des Bundes zu uns kam! Als er uns nun von anderen Vereinen in warmer Begeisterung erzählte und wir zusammen dem ein Loblied sangen, der an uns Menschenkindern so Großes tut, da fühlten wir wohl, welche Kraft in der wahren Gemeinschaft sei, wo einer den andern ermutigt, einer den andern trägt, einer für den andern betet und wo einer der Herr ist, der sich zu jedem aufrichtigen, ihm wohlgefälligen Streben so treulich bekennt und jedes wahre Gebet erhört."

„Auf dem Lamm ruht meine Seele“

Eben lasen wir: „…wo einer der Herr ist“. Ja, einer war auch der Herr geworden und ist es geblieben im Leben von Jakob Gerhard Engels: Jesus. Jesus, der Heiland für Sünder; Jesus, der Mann, dessen blutiges Sterben uns die Bahn zu Gott gebrochen hat. Der ganze Lebensweg und das ganze Lebenswerk von Engels ist ja nichts anderes als die herrliche Auswirkung und Entfaltung der Tatsache, daß dieser Mann zu Jesus gehört hat, daß er Jesus vertraut und gedient hat, daß er Jesus als einzigen Trost im Leben und im Sterben umfaßt hielt.

Was Engels später so bekannt gemacht hat, was alle unvergeßlich tief beeindruckte, die mit ihm umgingen, war sein Leben, war die Zucht und Schönheit eines Wandels, der immer unter den Augen Gottes geschah. Ja, Engels sehnte sich ein Leben lang danach, daß der „Christus in uns“ ihn verklären möchte in Gottes Art. Aber er hat nie vergessen, daß der Grund unserer Seligkeit der „Christus für uns“ ist. Der klare biblische Hauptton der Rechtfertigung kommt bei Engels, dem Mann der Heiligung, unverfälscht heraus. Da wird nie und nirgends das Heil aus der großen Tat Gottes im „Christus für uns“ verlagert in des Menschen Tun und Heiligwerden. Engels ist der dumpfen Werkerei und Gesetzlichkeit nie verfallen, er hat sich der Gnade ergeben, allerdings nicht der billigen, sondern der vollen biblischen Gnade; der Gnade, die das herrlich errettende und dann auch das kräftig erziehende Werk an uns hat.

„Auf dem Lamm ruht meine Seele,
betet voll Bewundrung an,
alle, alle meine Sünden
hat sein Blut hinweggetan.“

Diesen Vers hat Engels immer und immer wieder singen lassen. Da fand er bezeugt, was seinem Glauben innerste Gewißheit gab: das vollbrachte Werk Jesu Christi am Kreuz auf Golgatha. Engels gehörte, ohne irgendwie etwas mit einem einseitigen Konfessionalismus gemein zu haben, mit frohem Bewußtsein zur reformierten Kirche – wie der hugenottische Ahnherr und all die Glieder seiner Familie im Predigtamt. Als Reformierter lebte er in seinem „Heidelberger Katechismus". In dessen erster Frage fand er so unvergleichlich schön den Kern seiner eigenen Glaubensstellung ausgedrückt:

> „Was ist dein einiger Trost im Leben und im Sterben? Daß ich mit Leib und Seele, beides, im Leben und im Sterben, nicht mein, sondern meines getreuen Heilandes Jesu Christi eigen bin, der mit seinem teuren Blut für alle meine Sünden vollkömmlich bezahlet und mich aus aller Gewalt des Teufels erlöset hat und also bewahret, daß ohne den Willen meines Vaters im Himmel kein Haar von meinem Haupte kann fallen, ja auch mir alles zu meiner Seligkeit dienen muß. Darum er mich auch durch seinen Heiligen Geist des ewigen Lebens versichert und ihm fortan zu leben von Herzen willig und bereit macht."

Wir wollen noch ein paar weitere Zeugnisse hören, wie Engels ganz im paulinisch-reformatorischen „Für uns" wurzelt. In einer Predigt heißt es:

„Es stehen hier noch zwei Worte dabei, die wollen wir ganz besonders hören: Christus hat gelitten für uns, für uns. Das sind zwei teure Worte: für euch, für uns. Christus hat gelitten am Fleisch als unser Versöhner, als unser Heiland. Tausend-, tausendmal sei dir, liebster Jesu, Dank dafür, daß du die Strafe getragen hast, die ich um meiner vielen Sünden willen verdient habe! Ich bin ja der Knecht, der dem König die 10 000 Pfund schuldig ist.

Diese beiden Worte ‚für uns', die umklammern wir als unsern Trost im Leben und im Sterben."

Das war Engels' Lust, das tat er ein Leben lang mit heiligem und unermüdlichem Ernst: Er malte den Leuten den Heiland vor die Augen und warb um sie für ihn. Wie konnte er sie bitten, beschwören, locken, doch ja nicht diesen Trost der Versöhnung, den „Christus für uns" wegzustoßen:

„Wir bitten an Christi Statt: Lasset euch versöhnen mit Gott! O, liebe Seelen, ich frage euch, bedürft ihr der Versöhnung mit Gott nicht?... Erkennet doch euren Abfall von Gott! Erkennet doch: Ich hatte Gottes Zorn verdient! Kannst du das nicht erkennen? Bist du so stolz und hochmütig und so von dir eingenommen und so selbstgerecht, daß du das nicht erkennen kannst?... Laßt euch versöhnen mit Gott, mit der Ewigkeit! Kommt zu Jesus, legt eure Sünde und euer Elend zu Füßen des Kreuzes nieder! Umklammert das Kreuz und sagt: ‚Hier will ich bleiben, hier will ich lieben, hier will ich leben, hier will ich sterben!' O wir bitten euch an Christi Statt! Es gibt doch nichts Wichtigeres für euch als dieses. Was habt ihr denn Wichtigeres zu besorgen, ihr, die ihr auf dem Wege zum Tode, zum Gericht, zur Ewigkeit seid? O laßt euch versöhnen mit Gott! Das ist das eine, was not ist. Kommt doch zur Liebe, tretet in das Gotteselement der Liebe ein!"

Engels ist immer ein ernster Mann gewesen. Aber daß es das gibt, diese wunderbare Erlösung in Christus, das hat ihn zum Dank, zum Jubel getrieben. Er hat sich selbst und die Leute kräftig aufgemuntert, sich des Heilandes zu freuen, der die volle ewige Errettung gefunden hat:

„Du in den Staub gebeugte Seele, warum erhebst du dich nicht zu der fröhlichen Gewißheit der Vergebung deiner Sünden? Ach, wir sind nicht fröhlich genug als Er-

löste des Herrn! Die Leiden und die vielen Gedanken und die verderbte Art unseres Herzens liegen so schwer auf unserer Seele und drücken sie so tief nieder, daß der dankbare Jubelton der erlösten Seele nicht recht durchdringen will. Ach, da wollen wir es uns gegenseitig immer wieder zurufen, ich dir und du mir: Freuet euch in dem Herrn allewege, und abermals sage ich euch: freuet euch! Denn er hat eine ewige Erlösung für dich erfunden."

Fürwahr, da hat uns Pastor Engels ein gutes Geschäft empfohlen, das sollten die Gläubigen untereinander und aneinander fleißig üben: sich unermüdlich zurufen, daß Jesus ein großer Heiland ist, daß er eine herrliche Erlösung vollbracht hat und daß wir durch ihn zur Freude berufen sind.

Wer so auf den Herrn Jesus schaut, der baut nicht auf windige Gefühle, der traut auf das Wort und läßt sich an der Gnade genügen. Engels empfahl in diesem Sinne eine heilige Anspruchslosigkeit:

„Ich lerne immer mehr, in der Schule Jesu anspruchslos zu werden Gott und den Menschen gegenüber, lerne immer mehr, mir genügen zu lassen an seiner Gnade...

Der Herr übersieht dein ganzes Leben, was auch kommen mag, und spricht in befehlendem und tröstendem Ton zu dir: Meine Gnade genügt dir. – Ja, Gottes Gnade muß und kann dem Gläubigen genügen im Leben, Leiden und Sterben. Es gibt eine heilige Anspruchslosigkeit, die nichts verlangt von dem Herrn und den Menschen. Sie freut sich zwar, wenn Gott liebliche und freundliche Wege führt, aber sie ist auch zufrieden, wenn sie bloß das Gnadenbrot essen darf. Sie freut sich zwar, wenn andere ihr in herzlicher Liebe entgegentreten, ist aber auch ohne dies zufrieden, weil ihr die Gewißheit, bei Gott in Gnaden zu stehen, genügt. Bei dieser Anspruchslosigkeit hegt man keine Wünsche und wird darum auch nicht enttäuscht, wenn Schweres kommt. Man fragt nicht: Warum muß ich den schwächlichen Körper haben? Und wenn die

Angehörigen krank werden oder heimgehen, wenn gar ein Isaak geopfert werden muß, man geht bei solcher Anspruchslosigkeit still dahin wie ein Kind. – Genügt dir Gottes Gnade, oder willst du sonst noch etwas?“

Dann war die Freude von Pastor Engels groß, wenn er in einer Ansprache so recht die Gnade rühmen hörte. Dankbar drückte er einmal einem befreundeten Pastor die Hand, der über das Wort gesprochen hatte: „Ich bin die Tür, wer durch mich eingeht, der wird selig werden.“ Der Mann hatte immer wieder so lockend betont, was das für ein herrliches Vorrecht sei, durch die Tür „Jesus“ in die Gemeinschaft Gottes einzugehen. Davon zu reden, war auch Engels' Lebenselement.

Wenn ihm dieser Ton der freien Gnade zu kurz zu kommen schien, dann konnte er sich gedrungen fühlen, ihn in einem ergänzenden Wort oder doch wenigstens in seinem Schlußgebet noch anklingen zu lassen. Es hatte einmal ein junger Freund etwas arg gesetzlich die Leute mit dem Wort bedrängt: „Herr, lehre uns bedenken, daß wir sterben müssen!“ Da war nach ihm gleich Pastor Engels aufgestanden und hatte die Sache zurechtgebogen, indem er an das Wort anknüpfte: „Nun, Herr, wes soll ich mich trösten? Ich hoffe auf dich!“

Mit dem Ruhm der Gnade schließt Engels' Testament: „Die Gnade Gottes in Christo ist mein einziger Trost.“ Engels hat im Grundartikel der Rechtfertigung des Sünders aus Gnaden im Glauben an den Herrn Jesus Christus bestanden bis zuletzt. Wenn er auch kräftig den „Christus in uns“ betonte und nie davon ließ, daß aus der Glaubensgerechtigkeit die Lebensgerechtigkeit kommt – nie war die Hauptsache verschoben und verfälscht:

„Wenn ich auf mich sehe, wird mir manchmal bang. Aber ich schaue meinen Heiland an, getröste mich seines Blutes und lasse mir von dem Heiligen Geist die blutumflossene Gestalt verklären und mir den Herrn Jesum in

seiner Marterschöne zeigen. Dann werde ich getrost...“

„Ja, Herr, ich bin dein Knecht, zwar dein armer, schwacher Knecht. Manches ist in meinem Leben, dessen ich mich tief zu schämen habe. Oft bin ich eigne Wege gegangen. Es ist wahr bei mir: ‚Du hast mir Arbeit gemacht mit deinen Sünden und hast mir Mühe gemacht mit deinen Missetaten.' Aber, Herr, ich lege meine schwache Glaubenshand in deine Hände. Deine Gnade und dein königliches Erbarmen tragen mich. Mein Gott und mein Heiland, du weißt doch, wie ich zu dir stehe. Du weißt alle Dinge, du weißt, daß ich dich lieb habe. Hier ist mein Herz, mein Herr und mein Heiland. Herr, ich bin dein Knecht.“

Herr, ich bin dein Knecht! Hier ist mein Herz! So hat Engels gesprochen, als sein Leben die ganze Wendung zum Heiland hin nahm. So hat er es immer bewußter, immer tiefer wiederholt. Er wollte nur einem Herrn gehören: Jesus Christus, dem Mann von Golgatha, dem königlichen Spender der freien Gnade. Seinem Herrn zur Ehre sang er von ganzem Herzen:

Auf dem Lamm ruht meine Seele!

Der Weg nach Nümbrecht

Jetzt aber kehren wir zurück zu Engels' Lebensgang und wollen hören, wie es damals mit dem jungen Kandidaten weiter gegangen ist.

Die Kunde von seinem fröhlichen und eifrigen Wirken unter dem jungen Volk in Köln war bis ins schöne Oberbergische Land gedrungen. Wer kennt von den Lesern dieses Büchleins das Oberbergische? So nennt man die Gegend östlich von Köln auf das Siegerland zu. Es ist ein liebliches Land, reizvoll und abwechslungsreich mit seinen bewaldeten Höhenrücken, seinen stillen Wiesentälern, seinen verstreuten Siedlungen. Charakteristisch für das Oberbergische sind die „Höfe", Ansammlungen von oft nur ganz wenigen Häusern, die auf den Höhen oder in den Talmulden liegen. Von den wenigen Städten ist Gummersbach, die Kreisstadt, die bekannteste.

Zu den Kirchengemeinden im Oberbergischen gehören jeweils viele größere oder kleinere „Höfe". Da ist z. B. die Gemeinde Nümbrecht, die über siebzig solcher Höfe zählt. Ausgerechnet aus dieser riesigen Landgemeinde erging der Ruf zum Predigtamt an den Kandidaten Engels, der gerade in Koblenz sein zweites theologisches Examen bestanden hatte und erst vierundzwanzig und ein halbes Jahr alt war. Als man ihn noch mit in der Liste der Kandidaten unterbrachte, die zu Probepredigten nach Nümbrecht geladen werden sollten, dachte eigentlich kaum einer im Ernst daran, daß ausgerechnet dieser blutjunge Mann gewählt würde. Die oberbergischen Bauern werden den Kandidaten, der eines Sonntags im Zylinder und mit Handschuhen unter ihnen auftauchte, mit einigem Mißtrauen betrachtet haben. Aber als der junge Mann dann gepredigt und erst recht, als er am Nachmittag in Oberbreunfeld in der „Stunde" gesprochen hatte, da hörte man bei Gläubigen und Weltleuten nur eine Meinung: „Der muß unser Pastor wer-

Pastor Jakob Gerhard Engels

den!“ Das „Auf baldiges Wiedersehen!“, das man von allen Seiten dem scheidenden Kandidaten nachrief, war ehrlich und herzlich gemeint.

Tatsächlich, der Kandidat Engels wurde gewählt! Und es ging dabei so wunderlich zu, daß alle, die entschiedenen Gläubigen, die Traditionschristen und die ganz weltlich Gesinnten, auf den jungen Mann ihre Hoffnungen setzten. Es ist interessant, einmal in einen Brief hineinzuschauen, den in den Tagen der Wahl ein junger gläubiger Lehrer an Engels geschrieben hat:

„...Daß Sie, lieber Herr Kandidat, der Mann sind, das hat der Erzhirte seiner Herde uns deutlich schon vor und auch während unserer Wahl gezeigt. Wir haben Sie nicht gewählt, sondern der Herr hat Sie ausersehen für uns, ehe wir daran denken konnten.

Die Augen unserer Gemeinde waren eigentlich nach einem andern Ort gerichtet als nach Köln, und es wurde von der Mehrzahl gar nicht daran gedacht, daß Sie der Mann der Wahl sein könnten, als vorgeschlagen wurde, Sie mit in die Zahl der Kandidaten aufzunehmen, die wir hören und sehen wollten. Doch wie hat der Herr da so auffallend gezeigt, daß seine Gedanken nicht unsere Gedanken sind! Die Worte, die er Ihnen in den Mund gab, waren vom Geiste Gottes begleitet, und darum hieß es auch gleich: Sollte das wohl unser Hirte, unser Seelsorger sein? Es mochte überlegt und beraten werden, was da wollte, Sie wurden gewählt.

Unsere große Gemeinde, die überhaupt sonst in zwei Heerlager geteilt ist, in die Feinde und Freunde des Herrn, unseres Heilandes, ist für diesen Augenblick ganz eins darin, Sie, lieber und teurer Mann, freundlich und herzlich willkommen zu heißen, indem jeder Teil glaubt, Sie seien ihr Mann. Nun, das wolle der Herr, unser Gott, nach seiner Barmherzigkeit geben, daß Sie der rechte Mann sind, die ersteren herüberzuziehen mit dem Netze des Wortes Gottes und die andern zur Ausdauer im Kampfe mit Sünde, Tod, Teufel und Hölle zu ermuntern, zu trösten und aufzurichten.

Ihnen aber wolle der Vater im Himmel rechte Freudigkeit schenken, zu uns zu kommen, und Sie ausrüsten mit Kraft aus der Höhe! Kommen Sie nur getrost, hier auf unsern Bergen steht Ihnen das ganze Land offen, den Namen unseres Gottes zu verherrlichen, das Wort vom Kreuz zu predigen. O wie freue ich mich, daß der Herr seine Wohnung unter uns genommen hat! Auch Sie werden des Freude und Wonne haben."

So hofften alle auf den Kandidaten Engels als auf ihren Mann. Aber recht behielt die Schar der Gläubigen. Deren Erwartungen wurden herrlich erfüllt. Doch das ahnten sie damals nicht, welch einzigartiger Segen Gottes die Wirksamkeit des neuen Pastors in der Gemeinde begleiten würde.

Zunächst aber standen dem Kommen des Kandidaten Engels nach Nümbrecht noch zwei Schwierigkeiten entgegen. Die eine hatte ihren Grund in der Tatsache, daß nach dem Kirchenrecht jemand 25 Jahre alt sein, das sogenannte kanonische Alter erreicht haben mußte, ehe er in eine Pfarrstelle gewählt werden konnte. Das Konsistorium in Koblenz bestätigte darum die Wahl des 24½-jährigen Engels nicht. Aber die Befürchtungen der Gläubigen, daß diese Nichtbestätigung einen Keil in die Gemeinde treiben könnte, erfüllten sich glücklicherweise nicht. Auch bei der zweiten Wahl am 5. November 1851 wurde Engels einstimmig gewählt.

Der zweite Grund, der sein Kommen nach Nümbrecht hätte vereiteln können, lag tiefer, in ihm selber. Er hätte ja sträflich leichtfertig und selbstbewußt sein müssen, wenn er sich nicht mit allem Ernst gefragt hätte: „Kann und darf ein so junger und unerfahrener Mann wie ich es wagen, der Seelsorger einer Landgemeinde von 6000 Seelen zu werden? Reichen meine äußeren und inneren Kräfte dazu aus?" Dem sich so Prüfenden haben die Nümbrechter Gläubigen ihre ermunternden Worte zugerufen. Sie sind ihm mit einem solch rührenden, erwartungsvollen Vertrauen begegnet, daß Engels dadurch eine rechte Zuversicht gewann, das Amt anzutreten. Eins dieser mutmachenden Zeugnisse wollen wir hören. Es stammt von dem Lehrer Ley aus Niederbreidenbach,der sich dadurch so besonders zu Engels hingezogen fühlte, weil er bei ihm dasselbe Brennen der ersten Liebe spürte, das auch in seinem Herzen glühte.

„Ein schweres Amt, eine große Gemeinde, 6000 Seelen warten Ihrer! Da hat man wohl nötig zu wissen, daß er uns gerufen hat... Der starke Herr wird Sie auch stärken, darum wollen wir ihn stets anrufen. Die auf den Herrn harren, kriegen neue Kraft! Wie armselig würde es bald mit uns aussehen, wenn wir in eigener Kraft einhergehen wollten! Freuen wir uns aber, daß wir einen Herrn haben, der in den Schwachen mächtig ist und sein will...!

Denken Sie nur nicht, daß hier kein Kampf mehr wäre, weil Sie einhellig gewählt und die Gemeinde in der langen Zeit ziemlich ruhig gewesen ist! Der Herr hat den Rachen des Löwen verschlossen, damit die Schäflein, die ohne Hirten waren, nicht hineingerieten. Sobald Sie aber das Feuer des Evangeliums aufs neue anschüren, in der Kraft des Heiligen Geistes, werden die Ottern aus ihren Löchern kommen... Es wird Mühe und Arbeit, viel Beten und Flehen kosten, damit, wie Sie in Breunfeld sagten, etliche gewonnen werden. Wie es dem Herrn gefällt, müssen wir abwarten. Kommen Sie nur in seiner Kraft und in der Macht seiner Stärke!

Die Gläubigen erwarten Sie als einen, dem es darum zu tun ist, Seelen dem Herrn zu gewinnen und keinen verlorengehen zu lassen von der Herde. Die Ungläubigen hoffen indes, mit ihrer Vernunft Eingang bei Ihnen zu finden, daß Sie sich würden sagen lassen und den Teufel nicht zu schwarz malen, nicht all ihr Tun strafen mit einem gottesfürchtigen Wandel. Sie hoffen, Ruhe zu behalten. Uns ist jedoch wohl dabei, und jene werden einen Fehl gebären. Wollen sich jene mit Liebe ziehen lassen – gut, ziehen Sie recht viele! Eher aber müssen sie alle Ihnen zufallen, ehe Sie sich auch nur etwas neigeten, so spricht ja der Herr zum Propheten Jeremia 15, 19–21.

Sie stehen ja, wie mein Freund Lang und ich, noch in der ersten Liebe. Da rufe ich Ihnen zu: Laß die erste Liebe nicht, mache deinen Leuchter helle! O geliebter Kandidat, diese erste Liebe, wie sie so selig macht, wie sie so kräftig ist und keine Schwierigkeiten achtet! Da heißt's: Wenn ich ihn nur habe, wenn er mein nur ist! In dieser Liebe kommen Sie! Viele Herzen schlagen Ihnen warm entgegen. Dringen Sie ein in das Lager der Philister, Ihrem und unserm Jonathan nach, als ein treuer Waffenträger und führen Sie getrost das Schwert des Geistes! Verwunden Sie oft und tief! Es ist noch Salbe in Gilead. Jesus ist der treue Arzt. – Sein Werk sollen und wollen Sie treiben, und dazu wird der Herr Sie ausrüsten. Zum Handlanger an diesem geistlichen Bau biete ich auch mich an und werde mit Ihnen durch des Herrn Gnade Hand in Hand gehen."

Am 19. Dezember 1851 hat Engels seine Antrittspredigt gehalten. Sie war ein solch schönes, reifes, werbendes Zeugnis für den Herrn Jesus Christus, daß die Herzen der Gläubigen fröhlich wurden und die Weltleute ihre Hoffnungen auf einen Pastor nach ihrem Herzen endgültig begraben mußten. Es war klar, dieser junge Mann auf der Nümbrechter Kanzel wollte kein stummer Hund, sondern eine helle Posaune für Jesus sein. Die Predigt hatte als Text Apostelgeschichte 18,8 u. 9: „Fürchte dich nicht, sondern rede, und schweige nicht! Ich bin mit dir, und niemand soll sich unterstehen, dir zu schaden, denn ich habe ein großes Volk in dieser Stadt." Wir wollen einige Auszüge hören:

„Meine Brüder, da stehe ich nun vor dieser Aufgabe und denke an meine Jugend und Unerfahrenheit, denke überhaupt an die menschliche Schwachheit und Sündhaftigkeit und denke an die Größe des Arbeitsfeldes, denke daran, daß der Herr von fast 6000 Seelen Rechenschaft von mir fordert. Das Predigtamt ist ein schweres Amt, und wer in gewissenhafter Weise die Pflichten desselben erwägt, der lernt wohl verstehen die Geschichte des Jona

warum er dem Auftrag des Herrn, in Ninive zu predigen, entfliehen wollte; der lernt begreifen, meine Brüder, wie die eigene Kraft, wie die höchste menschliche Kraft daran zuschanden wird. Und nun ganz besonders in unserer Zeit – wo die Geister aufeinander platzen, wo die Gegensätze sich schroffer gegenüberstehen denn je – in den großen Kampf hineingezogen zu werden, ja, ein Führer im Kampfe zu sein – wahrlich, meine Brüder, der Gedanke kann mich wohl niederwerfen und mir alle natürliche Freudigkeit, mit der man doch sonst in ein neues Amt eintritt, rauben. Aber dies mag gut sein. Das läßt mich um so mehr nach dem Trost und der Hilfe umsehen, die mir zuteil werden.

Ja, meine Brüder, ich habe Trost und ich habe Hilfe, ich darf trotz alledem, trotz meiner Schwachheit und Sünde, trotz der Macht der Finsternis, die alle ihre Heere in den Kampf unserer Tage führt, ich darf trotz alledem mein Haupt hoch aufrecht tragen. Ja, ja, ich darf's, ich brauche nicht vor meiner Aufgabe zurückzuschrecken; denn so spricht der Herr in unserm Texte: ,Ich bin mit dir, und niemand soll sich unterstehen, dir zu schaden; denn ich habe ein großes Volk in dieser Stadt.'“

Und was für eine Botschaft will der junge Pastor der Gemeinde sagen in der Furchtlosigkeit, die er im Aufblick zu seinem Herrn gewinnt?

„Jesus Christus war der Inhalt der Rede des Apostels Paulus; ich wußte nichts anderes unter euch, sagte er. Jesus Christus ist auch der Inhalt meiner Rede, Jesus Christus gestern und heute und derselbe in Ewigkeit. Ja, meine liebe Gemeinde, um die Person des Heilandes handelt es sich, nicht um seine Moral, nicht um seine Lehre bloß, nein, um ihn selbst, um seine Person. Die Lehre Christi kann uns nicht die Sünden vergeben und kann uns nicht ewiges Leben und Seligkeit schenken, sondern das kann nur allein Jesus Christus, der Auferstandene, Jesus Christus, der verachtete Menschensohn, und Jesus Christus,

der eingeborene Gottessohn, hochgelobt in alle Ewigkeit. Es wird also der Endzweck jeder Predigt, jeder Belehrung sein, euch die Person des Heilandes zu bringen.

Aber, höre ich den einen oder andern sagen, dann wird ja unser neuer Prediger uns immer dasselbe predigen. Ja, meine lieben Brüder, ich erinnere euch in dieser Beziehung an das Wort des Apostels Paulus: ,Daß ich euch immer einerlei schreibe, verdrießt mich nicht und macht euch desto gewisser' (Phil. 3, 1). War's bei dem Apostel Paulus so, dann darf's auch wohl bei uns so sein... Aber doch braucht ihr nicht zu große Angst vor solcher Wiederholung zu haben. Sehet hinein in das Wort Gottes! Wie ist es trotz seiner Einheit, trotzdem, daß es nur Christum treibt, daß er allein Fundament und Eckstein ist, wie ist es so einfach, so verschiedenartig, so abwechslungsreich! O, wer einem frommen Bergmann gleich mit stillem, betendem Herzen in seine Schächte hinabsteigt und sich immer tiefer und tiefer hineingräbt, der wird immer Neues hervorholen, immer Tröstlicheres, immer Köstlicheres. Schon so viele Jahrhunderte, von so vielen Tausenden von Männern ist gesucht und geforscht worden. Und doch! – ist einer je leer zurückgekommen, der in der rechten Weise geforscht hat? Hat einer je seine Tiefen ausgegründet? Nein, fürchtet nicht, daß der Prediger sich auspredigte, wenn er sich am Worte Gottes hält!

Und noch eins will ich euch sagen: Christus soll hineingebracht werden in alle Tage, in alle Verhältnisse des menschlichen Lebens. Nicht nur die Kanzel, nicht nur die Kirche ist der Schauplatz meines Wirkens, nein, auch außerhalb derselben muß ich – will ich anders das Werk eines evangelischen Predigers tun und mein Amt redlich ausrichten – anhalten mit der Rede und darf nicht schweigen. Christus soll in uns eine Gestalt gewinnen und soll in unserem ganzen Leben verklärt und verherrlicht werden...

Rede und schweige nicht! Ich weiß es wohl, ich werde dadurch bei dem einen oder andern anstoßen, insbesondere, wenn ich nun auch, wie die Aufforderung an mich ergeht, strafe, drohe, ermahne mit aller Geduld und Lehre. Viele werden in mir nicht den Botschafter an Christi Statt, sondern den bloßen Menschen sehen und werden es mir übelnehmen, daß ich mich in ihre Angelegenheiten mische, daß ich es wage, sie auf ihre Sünden aufmerksam zu machen, sie wegen derselben zu strafen und ihnen immer wieder das verhaßte Wort vom Kreuz zu bringen...

Werden solche bösen Stunden, solche bitteren Erfahrungen auch für mich kommen, wird's manchmal mir gar schwül zumute werden, daß ich, d. h. mein Fleisch und Blut, viel lieber schweigen möchte, wird Gleichgültigkeit und Lauheit, wird Haß und Feindschaft meine Predigt begleiten – o, möge es nicht so sein! –, so ruft der Herr schon im voraus in unserm Texte mir heute ein Wort zu, das mir dann zur Richtschnur dienen soll, er sagt: Fürchte dich nicht! Laß nicht die Menschenfurcht und Menschengefälligkeit an dich herantreten!...

Ich muß auch reden durch die Tat, durch meinen Wandel, daß er mit meiner Predigt übereinstimmt und nicht niederreißt, was diese aufgebaut hat. Ich muß, nicht mit gesetzlicher Gewissensängstlichkeit, sondern um der Liebe Christi willen, dem Apostel Paulus gleich meinen Leib betäuben und zähmen, daß ich nicht andern predige und selbst verwerflich werde."

Man kann es kaum glauben, daß der Mann, der so klar, so fest, so reif, so abgewogen auf der Nümbrechter Kanzel seine Antrittspredigt hält, erst 25 Jahre alt ist. Es ist in dieser Predigt schon der ganze Engels drin, der Mann, der nichts als Jesus weiß und bezeugt, der sein Amt heilig ernst nimmt, der die Gemeinde unter die volle Herrschaft Christi ruft, der selber in steter Zucht stehen, niemals Menschen gefallen, nur des Herrn Knecht sein will.

45 Jahre in den stillen Bergen

Das Band, das an jenem Adventssonntag zwischen der Gemeinde Nümbrecht und ihrem neuen Hirten geknüpft wurde, hat sich in 45 Jahren bewährt. Nümbrecht ist Engels' erste Liebe gewesen und seine letzte geblieben. Die Segensspuren seines Wirkens aber haben die 45 Jahre seines irdischen Botschafterdienstes weit, weit überdauert.

Wie sah es denn in der Gemeinde Nümbrecht aus, als Engels dorthin kam? Die Gemeindemitglieder waren durchweg kleine Bauern, Handwerker und Gewerbetreibende. Hier und da fand man noch einen, der nicht lesen und schreiben konnte. Das war schon etwas Schönes und Besonderes, daß sich der neue Pastor mit seinem aristokratischen Wesen so schnell und willig in die Umwelt und Denkweise dieser schlichten Leute einlebte und einfügte.

Wie stand es geistlich mit der Gemeinde? Die kirchliche Sitte war um die Mitte des 19. Jahrhunderts, also in der Zeit, als Engels in Nümbrecht einzog, noch stark ausgeprägt und eigentlich unerschüttert. Aber lebendiges Glaubensleben war selten. Es hatte auch im Oberbergischen der öde Vernunftglaube, der die biblischen Offenbarungswahrheiten mit einer verschwommenen Allerweltsfrömmigkeit und armseligen Tugendlehre vertauschte, im ersten Drittel des Jahrhunderts verheerend gewirkt.

In sozialer Hinsicht sah es auch traurig in Nümbrecht aus. Die Gemeinde war überbevölkert. Mit den Erwerbsmöglichkeiten war es schlecht bestellt. Die Landwirtschaft war alles andere als ergiebig. Man nannte das Oberbergische spottend „Haferspanien". Ältere Gewerbe wie Gerberei und Leinenweben waren in völligem Niedergang begriffen. Kein Wunder, daß die 6000köpfige Gemeinde immer mehr der Armut anheimfiel. Der Schlendrian griff überall um sich. Die Leute ließen sich gehen. waren unsauber, sahen untätig zu, wie Häuser und Wege verfielen. Dabei griffen sie kräftig zum Branntwein und liebten Streit und Schlägerei. Das Oberbergische hatte weit und breit keinen guten Ruf. Es läßt tief blicken, daß eines Tages in der kirchlichen Gemeindevertretung der Beschluß gefaßt wurde, niemand der Teilnehmer dürfe in Zukunft einen Stock zu den Sitzungen mitbringen. Demnach scheint es oft recht lebhaft bei den Beratungen der Gemeindeväter zugegangen zu sein. Ein Mitglied der Gemeindevertretung erzählte einem Freund von diesem Beschluß, fügte aber lächelnd hinzu, daß er trotzdem in gutem Versteck unter dem Kittel einen Knüppel in die Sitzungen hineinzuschmuggeln vorhabe – für alle Fälle.

Und doch gab es schon einige verheißungsvolle Lichtblicke in diesem geistlichen und sozialen Elend. Wegen der fehlenden Erwerbsmöglichkeiten begannen manche Nümbrechter, nach auswärts zu wandern, so vor allem im Sommer als Maurer ins Wuppertal. Dort verdienten sie nicht nur Geld, dort kamen auch manche mit dem damals reich strömenden Erweckungs- und Glaubensleben des Wuppertals in Berührung, und sie brachten geistliche Anregungen in die Heimat mit. Da war z. B. ein Schmiedegeselle namens Johannes Bonekämper im Hause seines Meisters erweckt worden. Er hatte daheim das ihm widerfahrene Heil nicht verschweigen können. Zunächst aber hatte er noch wenig Gegenliebe mit seinem Zeugnis gefunden. Die Leute hielten ihm entgegen, daß sie ihren Pastor nie so wunderlich hätten reden hören, wie er es tue.

Da war weiter ein interessanter Hausierer, der Müller hieß und den das Volk das „Gebetsmännchen“ nannte. Er sammelte in kleinen Kreisen heilsbegierige Leute. 1833 war auch schon im Hof Oberbreunfeld ein Missionsverein gegründet worden, der bald eine rührige Tätigkeit entfaltete.

Und dann war da Pastor Thümmel, der Eiferer für die

Ehre des Herrn, der gewaltige Bußprediger, der mächtig den Bäumen die Axt an die Wurzel legte. Er kam 1846 nach Nümbrecht und hat in den fünf kurzen Jahren seiner Tätigkeit heilsame Unruhe in der Gemeinde erregt. Viele kamen ins Fragen und fühlten sich in ihrem wüsten oder trägen Wesen nicht mehr recht wohl. Unerbittlich wetterte Thümmel gegen den Branntwein. Es machte ihm nichts aus, mit dem derben Stock in die Wirtshäuser einzufallen und die Saufbrüder zu verjagen. Er war nämlich auch körperlich ein imponierender Mann, und Bangemachen galt bei ihm nicht.

Einmal war eine Gesellschaft junger Leute auf den Pastor, der ihnen ihre „harmlosen Freuden" nicht gönnen wollte, so erbost, daß sie ihm eine gründliche Tracht Prügel verabreichen wollten. Aus einem Hinterhalt stürmten sie auf den ahnungslos seines Weges kommenden Thümmel los. Der aber schwang seinen Stock durch die Luft, brüllte mit Leibeskräften: „Heiliger Geist, nun stärke mich!", und ehe sein Knüppel auf die Rücken der Wegelagerer eindreschen konnte, waren diese schon in alle Winde zerstoben.

Wie ein richtiger grober „Waldrechter" hat Thümmel in Nümbrecht gewirkt. Als er dann nach Wuppertal ging, fand er in Engels den rechten Nachfolger und die herrlichste Ergänzung. Denn nun kam der stille Sämann und warf in die Furchen, die Thümmels kraftvoll-ungestüme Tätigkeit aufgebrochen hatte, den Samen des Gotteswortes hinein, und siehe da, er ging auf, wuchs und reifte und brachte liebliche Frucht. Man hat die Verschiedenartigkeit der beiden Männer Thümmel und Engels so gekennzeichnet: „Thümmel hat den Stock genommen, um den Rock auszuklopfen. Engels hat die feine Bürste gebraucht. Letztere tat weher." Oder: „Der Thümmel mußte mit der Axt kommen. Der Engels kam mit dem Hobel, der das Feinere besorgt und glättet. Beides ist nötig."

Es ist ein riesengroßes Arbeitsfeld, das auf den jungen Pastor Engels in Nümbrecht wartet. Es ist noch viel

Dunkel da, aber es will auch hier und da schon tagen. Mit Freude und Eifer und in heiligem Verantwortungsbewußtsein geht Engels ans Werk. Aber so sehr er sich in die Arbeit wirft, sie kann ihn nicht verschlingen. Denn er tut sie von Anfang an in der Blickrichtung zur Ewigkeit hin. An das Wort „Ewigkeit" haben sich schon in den Tagen der Kindheit die ersten Eindrücke geheftet, durch die Gott zu Jakob Engels geredet hat. Und das Vertrautsein mit der Ewigkeitswelt ist je länger je mehr eins der wesentlichen Kennzeichen von Engels' Christenstand geworden. Da geht ein Fünfundzwanzigjähriger in der frischen Kraft seiner Jugend an seine große Aufgabe heran. In der Antrittspredigt tritt er in der fröhlichen Unerschrockenheit vor die Leute, in der die Beauftragten und Bevollmächtigten des Christus an ihre Arbeit gehen. 14 Tage später, in der Neujahrspredigt 1852, wählt Engels den Text aus Hebräer 4, 9: „Darum ist noch eine Ruhe vorhanden dem Volke Gottes."

Ja, da gibt es ein rechtes Wirken in der Zeit, wenn das Herz der Ewigkeit zugekehrt ist. Derselbe Mann, der in seiner Neujahrspredigt die Blicke auf das Ziel lenkt und sich der Ruhe freut, die nach allen Erdenmühen die Kinder Gottes erwartet, geht am Nachmittag hin und versucht tapfer, dem Elend dieser Zeit und Welt zu steuern, indem er einen über das ganze Kirchspiel sich erstrekkenden Armenverein gründet. Dieser Verein soll helfen, daß die Armen und Unbemittelten im Winter ihre Kohlen bekommen. Auch die Kinder merken gleich, daß der neue Pastor ihr guter Freund und Helfer werden will. Engels sorgt nämlich dafür, daß die Kinder, die einen weiten Schulweg haben, mittags im Dorf in den Häusern Unterkunft und etwas zu essen finden.

Gewiß liegt Engels alles daran, daß seine Gemeindeglieder Freude am Herrn und Lust zur Ewigkeit bekommen. Sie sollen sich aber auch über saubere Häuser und ordentliche Wege freuen lernen. Der Sinn für Ordnung, Reinlichkeit und Behaglichkeit soll unter ihnen wachsen. Es steht gewiß nicht im Vordergrund von Engels'

Wirken, daß die sozialen Verhältnisse sich bessern. Aber ein Wandel auch in den äußeren Verhältnissen vollzieht sich, wo den Leuten das Evangelium recht ins Herz kommt. Ein wenig kann man die Gemeinde Nümbrecht zu Engels' Zeiten mit dem Steintal im Elsaß vergleichen, das unter der geistlichen und sozialen Tätigkeit des gesegneten Pfarrers Johann Friedrich Oberlin (1740–1826) aus einer verkommenen und verschrienen Gegend zu einem Gottesgarten wurde.

Die Erziehung zur Sauberkeit konnte Engels in seiner unnachahmlichen Art etwa so durchführen, daß er bei einem Hausbesuch seinen Hut auf den Schrank legte, ihn beim Weggehen am Fenster unters Licht hielt und anerkennend sagte: „Wie schön, es ist kein Staub dran!" Gegen den Branntwein führte er denselben unnachgiebigen Kampf wie sein Vorgänger, wenn auch mit den zu ihm passenden, milderen Methoden. Aber auch Engels hat gelegentlich einen im Straßengraben schnarchenden Betrunkenen mit kräftigen Stockhieben auf die Beine gebracht. Dann hat er ihn allerdings in einem Hause sorgfältig säubern und ihm einen guten Kaffee kochen lassen. Der Ernüchterte wurde mit väterlichen Ermahnungen nach Hause geschickt.

Das Riesenmaß von Arbeit, das auf die Schultern des jungen Pastors gelegt war, erkennen wir an folgender Tabelle über die Amtshandlungen aus den ersten Jahren von Engels' Nümbrechter Tätigkeit:

1852, 180 Taufen 135 Beerdigungen 29 Trauungen
1853, 179 Taufen 197 Beerdigungen 36 Trauungen
1854, 195 Taufen 146 Beerdigungen 42 Trauungen
1855, 167 Taufen 158 Beerdigungen 35 Trauungen
1856, 164 Taufen 140 Beerdigungen 40 Trauungen
1857, 190 Taufen 141 Beerdigungen 36 Trauungen
1858, 192 Taufen 150 Beerdigungen 59 Trauungen
1859, 203 Taufen 133 Beerdigungen 54 Trauungen
1860, 194 Taufen 185 Beerdigungen 34 Trauungen.

Von Anfang an legte Engels großen Wert darauf, die Leute seiner Gemeinde kennenzulernen, und zwar in ihren Häusern. Er machte viele Hausbesuche, und vor allem die Kranken hatten in ihm einen treuen Freund. Er konnte sich früh aus eigener Erfahrung in das Los der Kranken hineindenken, hatte er doch bald sein Päcklein Krankheitsnot zu tragen. In den 14 Jahren, in denen Engels die ganze Arbeit in der Gemeinde allein tat – später stand ihm immer ein Hilfsprediger zur Seite –, hat er sich oft überanstrengt. Namentlich montags war er manchmal ganz zerschlagen. Früh finden sich in seinem Kalender Eintragungen wie diese: „Eine schlechte Nacht gehabt." „O, diese tief leidenden Nächte!" Es war ein nervöses Kopfleiden, das nicht nur den armen Leib bedrängte, sondern manchmal auch seine Schatten auf das Gemüt warf.

Es war Engels' Lust, reichlich in der Gemeinde den guten Samen des göttlichen Wortes auszustreuen. Unermüdlich war er unterwegs zu Versammlungen und Bibelstunden in den einzelnen Höfen. Dabei konnte ihn kein Regen und Unwetter abhalten. Einmal war er nachts um 11 Uhr mit einem treuen Begleiter aus der Gemeinde auf dem Heimweg. Da wurden die beiden von einem Gewitter überrascht und völlig durchnäßt. „Was mögen nun die Leute von uns denken?", fragte Pastor Engels seinen „Leidensgenossen". Dieser meinte, daß alle sie tüchtig bedauern würden. „Ja, das mag wohl sein", bestätigte Engels. „Aber eigentlich hätten das die Leute gar nicht nötig; denn im Grunde sind wir doch die allerglücklichsten Menschen und möchten mit keinem tauschen."

Das Wirken von Pastor Engels blieb nicht ohne Segen. Viele wachten zu einem neuen Leben mit Gott auf. Am schönsten war es, wenn nicht nur hier und da etliche errettet wurden, sondern wenn eine richtige Erweckung wie ein Sturmesbrausen durch die Berge zog. Solche Zeiten hat es immer wieder in Nümbrecht gegeben. Ganz herrlich muß es in den Jahren 1877 und 1878 gewesen sein. Die Bewegung dieser Jahre ist mit entfacht worden durch die mitreißende Botschaft des amerikanischen Evangelisten und Heiligungspredigers Pearsall Smith, der sein sieghaftes „Jesus errettet dich jetzt" auch in Wuppertal verkündigt hatte. Es kam dort zu einer machtvollen Erweckung, in die auch viele von den „Broterwerbern" – wie man die zur Sommerzeit in Wuppertal arbeitenden Maurer aus dem Homburgischen, der Nümbrechter Gegend, nannte – hineingezogen wurden. Diese trugen dann das Feuer in ihre heimatlichen Berge. Auch durch das von Gott so oft gesegnete Siegerland wehten die Winde vom Thron der Herrlichkeit und drangen hinüber ins benachbarte Oberbergische.

Es gab eine selige Erntezeit in Nümbrecht. Wie freute sich Pastor Engels über den Schnitterdienst, den er und treue Helfer mit ihm tun durften! Viele wurden der Vergebung der Sünden und ihres Heils in Jesus gewiß. Wie leicht hängen sich aber immer wieder den Erweckungsbewegungen unnüchterne Züge an! Die Gefahr war auch in Nümbrecht damals vorhanden. Es traten allerlei „hohe Geister" auf, meist von auswärts, die sich in der Heiligungslehre bis zur Sündlosigkeit der Gläubigen verstiegen.

Wie hilfreich und wohltuend war da die klare biblische Zucht, mit der Pastor Engels in der Bewegung stand! Er widerstand den Leuten, die sich mit der Bekehrung schon über den Berg wähnten. Er entlarvte in ihren hohen Gedankenflügen den Fleischessinn, der immer etwas Besonderes will und sich am Wort und an der Gnade nicht genügen läßt. Mit Frage 58 seines geliebten Heidelberger Katechismus hielt er den falschen Propheten entgegen, „daß wir jetzt nur den Anfang der ewigen Freude in unseren Herzen empfinden" und er betonte, daß das Christenleben nie der heiligen Wachsamkeit und Kampfbereitschaft entraten könne. Wie einer bei rechtem Bedenken des Bibelwortes „Wer da weiß, Gutes zu tun, und tut's nicht, dem ist's Sünde" noch von seiner Sündlosigkeit faseln könne, war ihm, dem Mann mit der strengen Gewissenhaftigkeit und Selbstprüfung, unbegreiflich.

So sehr Engels sich über jeden freute, der bezeugte, daß er zum Herrn gekommen sei, so nüchtern mahnte er die Neubekehrten, sich erst zu bewähren, ehe sie in der Öffentlichkeit beteten und zur Mitarbeit sich meldeten. Kummer machten ihm etliche, die sich zu scharfer Kritik an der Volkskirche hinreißen ließen und meinten, ein wahrer Gläubiger könne und dürfe es dort nicht mehr aushalten. Einige Leute sind damals zur Freikirche gegangen. Für den in seiner reformierten Kirche fest verwurzelten Engels kam solch ein Schritt niemals in Frage, er war aber im Denken so weitherzig und reichgottesgemäß, daß er auch mit den Freikirchlern das brüderliche Band aufrechterhielt.

In der Abwehr der unnüchternen Einflüsse, die die gesunde Kraft der Erweckungsbewegung bedrohten, konnte Engels auch einmal scharf werden und einen der fremden Apostel aus der Gemeinde verweisen. Aber die positive Arbeit in der rechten Pflege der Erweckten war ihm viel wichtiger. Mit all seiner Kraft diente er ihnen in den Gebetsversammlungen und Bibelstunden und in der Seelsorge und zog andere bewährte Christen zur Hilfe heran. Es war ein großer Segen, daß in jenen bewegten Jahren in Nümbrecht ein Mann stand, der Geistliches und Fleischliches zu scheiden vermochte und der sich selber ängstlich hütete und unermüdlich andere warnte, beides ja nicht zu vermischen. Er erinnerte öfter an das Wort Gottfried Arnolds:

„Das zarteste Gottes-Liebsbewegen
wird unvermerkt ins Fleisch geführt,
wo nicht des Geistes starkes Regen
uns zum Gebet und Wachen rührt."

Wenn auch in den Jahren 1877 und 1878 die frohen Wogen der Erweckung besonders hoch gingen, so hat es doch immer wieder in Nümbrecht Zeiten gegeben, in denen in mächtiger Weise Gottes Wort wirkte. Aber auch wenn nichts Auffälliges geschah, der treue und stille Dienst des Seelsorgers Engels, der immer vor Gott wandelte und seiner Gemeinde das Brot des Lebens brach, ging ständig weiter und war eine Macht. Immer fanden in aller Stille Leute zum Heiland. Immer mehr wuchsen der Pastor und seine Gemeinde zusammen.

Manchmal kamen Rufe von auswärts, die das Band lösen wollten. Darunter waren solche, die Engels in viel inneres Fragen und Kämpfen brachten, ob es nicht der Weg Gottes sei, ihnen zu folgen. So wollte die größte reformierte Gemeinde Deutschlands, die in Elberfeld, ihn in eine ihrer Pfarrstellen wählen. Er sagte ab. Am längsten hat ihn wohl die Bitte der Gemeinde Capellen in der Grafschaft Moers, dort reformierter Pastor zu werden, beschäftigt. Die Grafschaft Moers war die Heimat seiner Mutter. Wie gern wäre die Mutter mit ihrem Sohn, in dessen Nümbrechter Pfarrhaus sie nach dem Tode ihres Mannes wohnte, in das Land ihrer Kindheit zurückgekehrt! Es wartete dort in Capellen eine überaus verheißungsvolle Arbeit in einer geistlich erweckten Gegend auf die rechte Pflege. Auch hätte es dem in Nümbrecht manchmal wirklich überlasteten Engels gesundheitlich gut getan, in eine kleinere Gemeinde zu gehen. Aber das Band, das ihn mit Nümbrecht verband, war schon zu innig und fest geworden. Er hatte keine Freudigkeit, es zu lösen.

Und so kam es denn, daß Nümbrecht die erste und letzte Liebe von Pastor Engels geblieben ist. Gott hat auf den Entschluß seines Dortbleibens reichen Segen gelegt. Die Nümbrechter sind in 45 Jahren ihren Pastor nie leid geworden, und er hat sich nie ausgegeben und ausgepredigt.

Der Vater seiner Gemeinde

Ja, das ist Engels immer mehr geworden in den vielen Jahren, die ihn sein Herr in den stillen Bergen wirken ließ: der Vater seiner Gemeinde. Er kannte die Leute alle, und immer größer wurde die Schar derer, mit denen er im traulichen Du verkehrte. Von Jahr zu Jahr wurden es mehr, die er getauft und konfirmiert und getraut hatte und an deren Ergehen innerer und äußerer Art er interessiert blieb, wie es eben nur bei einem Vater sein kann.

Engels ist unverheiratet geblieben. So konnte er seine ganze Liebe der Gemeinde zuwenden. So wie es ihm wichtig war, daß in den einzelnen Häusern die Familien sich erbauten in der Zucht und Vermahnung zum Herrn, so sah er seine ganze Gemeinde als eine große Familie an. Er brachte von Hause aus einen ausgeprägten Familiensinn mit. Wie hing er an seinen Eltern! Wie umhegte er nach des Vaters Heimgang im Pfarrhaus zu Nümbrecht seine Mutter! Nach ihrem Tod verging kein Tag, an dem sich der Sohn nicht ins Stüblein der Mutter – in dem alles unverändert und unangetastet blieb – setzte und in liebevoller Erinnerung mit der Heimgegangenen Zwiesprache hielt und sich der Hoffnung der Ewigkeit getröstete.

Wie lieb war ihm der Verwandtenbesuch! Für die Neffen und Nichten war das Pfarrhaus in Nümbrecht, die ganze Gemeinde und die schöne Gegend immer wieder ein willkommenes Ferienparadies. Gerne ließ Engels bei den Gängen durch die Gemeinde sich von seinen jungen Besuchern begleiten.

Diesen Familiensinn finden wir auch in Engels' Verhältnis zu seiner Gemeinde. In herzlicher Fürsorge und Anteilnahme ist er all den großen und kleinen Freuden und Sorgen der Leute, den äußerlichen und den inneren, verbunden. Es ist ihm nicht unwichtig, nach der kranken Kuh im Stall zu fragen. Er weiß, wie sehr der Landmann vom Wetter in seiner Arbeit abhängig ist. Darum bangt und betet er mit seinen Leuten um gedeihliche Witterung für die Früchte des Feldes. Hören wir ihn:

„Wir danken dir auch, Herr, daß du uns jetzt das liebliche Frühlingswetter gibst. O gib, daß wir die Aussaat in deinem Namen tun können, und gib du, Herr, daß durch den Sonnenschein und durch den Frühregen, den du auch geben wollest zu rechter Zeit, die Aussaat gedeihe und wachse zu einer gesegneten Ernte. In deinem Namen laß uns alles tun!"

Oder:

„Herr, es sind Wolken gekommen am Himmel, und die Wolken geben uns die Hoffnung, es möchte ein Regen kommen. Lieber Herr, laß den Regen kommen! Wir sind es ja nicht wert. Ach, was sind die Menschen so entfremdet von dir und so irdisch gesinnt! Aber du lässest ja regnen über Gerechte und Ungerechte. Laß einen gnädigen Regen kommen, damit das Land erquickt werde und unsere Saaten wachsen! Wir bitten dich in Demütigung, in Beugung und in Ergebung. O gib doch, Herr, daß alle deine Wege uns zum besten dienen, auch die schweren Wege!"

Die Bettelei versucht Engels auszurotten. Der Streit- und Prozeßsucht geht er kräftig zu Leibe. Er scheut auch keine persönlichen Opfer, wenn der Friede bewahrt oder wiederhergestellt werden soll. In einer Ortschaft ist wegen einer Kuh giftiger Streit unter Nachbarn ausgebrochen. Engels bezahlt aus eigener Tasche die Kuh, damit die Parteien sich wieder vertragen. Ein anderes Mal haben sich an der Frage des Benutzungsrechtes eines Weges die Gemüter derartig erhitzt, daß ein Prozeß unvermeidlich scheint. Engels ruft die Streithähne noch einmal zu einer beschwichtigenden Besprechung zusammen. Vergeblich! Da fragt er die Partei, die gegen die allgemeine Benutzung des Weges sich wendet, was der Weg wert ist. Als ihm der Preis genannt wird, da zeigt er sich gleich entschlossen, den ganzen Weg zu kaufen. Dann will er ihn für die allgemeine Benutzung freigeben. Und so geschieht es auch. Die Sache wird sogleich schriftlich geregelt.

Diese väterliche Fürsorge des Pastors, der nichts entging, der nichts zu gering war, hatte überaus heilsame Wirkungen in der Gemeinde. Der Wirtshausbesuch nahm ständig ab. Die Sonntagsarbeit hörte immer mehr auf. Beim Heimweg von einer Bibelstunde begegnete Engels einmal einem Sabbatschänder, der munter die Sense wetzte. Er sah ihn nur freundlich an und meinte: „Konntest du das nicht gestern tun, lieber N.? Nicht wahr, du siehst zu, daß du es ein anderes Mal besser einrichtest?“ Der Mann schlich beschämt davon und stellte seine Sense in die Ecke.

Die körperliche Mühsal und Last seiner Gemeindeglieder war Engels nicht gleichgültig. Es war ihm z. B. gar nicht recht, daß er eines Tages eine junge Frau mit einem schweren Holzbündel auf dem Kopf auf einem einsamen Waldweg sich abschleppen sah. Er fragt sie: „Kind, hast du keine Kuh?“ „Nein“, lautet die Antwort. Gleich in den nächsten Tagen spricht Engels bei dem Vater der Frau vor, von dem er weiß, daß er ein wohlhabender Mann, aber vom Geiz geplagt ist. Er fragt ihn: „Hat Ihre Tochter keine Kuh?“ Diese eine Frage genügt, um den Mann sein Verschulden der Tochter gegenüber erkennen zu lassen, und eifrig verspricht er: „In der nächsten Woche ist Viehmarkt in Waldbröl, da kaufe ich meiner Tochter eine Kuh.“ Was hat doch dieser Pastor Engels für eine Macht über die Menschen gehabt, daß eine einzige Frage aus seinem Munde einen Geizkragen gleich so zugänglich macht!

Weil Engels wie ein Vater in der Gemeinde stand, wußte er sich verantwortlich, in alle Lagen und Verhältnisse der ihm anvertrauten Menschen das Wort und den Willen Gottes hineinzusprechen. So hilfreich er trösten und ermutigen konnte, so sparte er auch nicht mit den Worten der Zucht und der Mahnung, wo sie nötig waren. Die väterlich besorgte Art, in der er in der Gemeinde wirkte und wachte, zeigte sich besonders schön in den kurzen Ansprachen, die er nach der Predigt vom Abendmahlstisch aus an die Gemeinde richtete. Zwar war die ganze Predigt immer seelsorgerlich gehalten, aber hier waren es immer noch ganz besondere Dinge, Sorgen, Fragen, Freuden, Nöte, die ihn im Blick auf die Gemeinde bewegten und die er einmal aussprechen mußte. Hier umfaßte er das ganze häusliche und öffentliche Leben der Gemeinde mit dem Wort der Zucht. Hören wir ihm ein wenig zu:

„Ich sprach vom Branntwein. Ach, wenn doch auch bei uns die Häuser ohne einen Tropfen Branntwein fertiggestellt würden! Man kann in einen hellen Zorn geraten, wenn man an den leidigen Branntwein denkt und wieviel Elend er anrichtet.

Ach, helft doch! Da taumelte in diesen Tagen ein Bursche ganz betrunken nach Hause, der auch beim Hausbau beschäftigt gewesen war. Ach, dieses Unheil, das der Branntwein anrichtet! ‚Wo ist Weh, wo ist Leid, wo ist Zank? Wo ist Klagen? Wo sind Wunden ohne Ursache? Wo sind trübe Augen? Wo man kommt, auszusaufen, was eingeschenkt ist' (Sprüche 23, 29–30).“

„Ich komme noch mit einigen Bitten. Es finden zuweilen noch große Hochzeiten oder Gebe-Hochzeiten statt. Die sind durch die Kabinettsordre vom 19. August 1844 verboten. Kürzlich sind zu G. Veranstalter und Gäste mit Geldstrafen belegt worden. Die großen Hochzeiten geben Anlaß zu viel Unfug. Dagegen will ich gern anerkennen, daß bei weitem die meisten Hochzeiten jetzt keusch und züchtig gehalten werden. Ich habe in diesem Jahre schon manche erstgeborenen Kinder getauft, aber keines, welches...

Machet doch die Hochzeiten klein! Ach, es gibt nicht sehr viele Hochzeiten, auf denen man sich wohl fühlt. Macht es einfach! Laßt die Hochzeiten nicht bis in die

Nacht oder gar an den Morgen dauern! Sollte man nicht um 11 Uhr Schluß machen?

In manchen Ortschaften findet auch am Samstagabend vor dem Aufgebot eines Brautpaares am Sonntag das leidige Schießen statt. Richtet es doch so ein, daß das Aufgebot nicht bekannt wird! Ihr könnt ja, wenn es nötig ist, auch noch am Sonntagmorgen zu mir kommen."

„Noch ein paar Worte, die von Herzen kommen und zu Herzen gehen mögen! Laßt uns noch fleißiger werden! Manche sind ja recht fleißig in ihrer Arbeit, aber wir können noch fleißiger werden, das Wirtshausleben lassen, unnütze Gespräche lassen, unsere Zeit besser anwenden. O wie manches könnte dann noch geschehen, wenn wir fleißiger wären! Ich denke auch besonders daran, wie manches auf unsern Wiesen noch geschehen könnte. Wir haben hier die schönen Wiesentäler. Ach, es tut mir oft leid, wenn ich hindurchgehe und sehe, in welchem Zustand sie sich befinden. Wenn doch auch die Nachbarn sich mehr vereinigten, um miteinander Hand anzulegen! Wenn doch auch solche sich fänden, die den andern darin vorangehen! Zwar der Segen kommt von oben. Am ersten müssen wir trachten nach dem Reiche Gottes und seiner Gerechtigkeit."

Wie lag die Zucht gerade beim jungen Volk Pastor Engels am Herzen! Väterlich sprach er die jungen Männer an, die zur militärischen Musterung gingen:

„In dieser Woche findet ja auch wieder für unsere jungen Leute die Ziehung statt. Das ist ein ganz besonders ernster Gang für junge Leute, wenn sie zur Ziehung gehen. Ach ja, möchtet ihr euch doch auf dem Wege dahin und zurück als christliche und sittsame Leute betragen! Viel Roheit und viel wüstes Wesen ist dabei schon zum Vorschein gekommen. Ich hoffe, es werden der Jünglinge immer mehr, die sich als christliche und sittsame Jünglinge zeigen. Und gerade auch bei solcher Gelegenheit müssen wir es ja zeigen, was für ein Geist in uns ist. Der

Herr geleite euch, ihr Jünglinge, er gehe mit euch! Eure Angehörigen werden an euch denken, und die von euren Angehörigen, die beten, werden auch für euch beten. Zieht hin in Frieden!"

Wenn die Tage kamen, an denen die „Broterwerber" – die Männer und jungen Männer, die zur Sommerzeit zur Arbeit nach auswärts gingen – sich verabschiedeten, dann sagte Engels wohl am Abendmahlstisch:

„Manche unserer Maurer haben die Heimat schon verlassen, manche gedenken in der nächsten Zeit aufzubrechen. Der Herr geleite euch!

Darf ich aus treuem Herzen noch einige Bitten aussprechen? 1. Trinket keinen Branntwein, weder auf der Baustelle noch in eurem Logis noch in Wirtshäusern! 2. Lasset das Wort Gottes ein Licht auf eurem Wege sein, leset täglich ein weniges darin! 3. Feiert den Sonntag! 4. Denket immer daran: Der Herr sieht mich! Und nun zieht in Frieden!"

Das sind einige von den Ermahnungen, wie man sie auf Zetteln von Engels' Hand aufgeschrieben fand. In solchen Zusprachen wandte er sich z. B. auch gegen den Holzfrevel, gegen die Brandstifter, gegen leichtfertiges Kaufen und Borgen. Allem Ungöttlichen und Wüsten und Zerstörenden in der Gemeinde suchte er auf diese Weise und in mancherlei andern Formen des Einwirkens zu begegnen. Das ganze Volksleben sollte unter die heilige Zucht der Gebote Gottes gestellt werden. In solcher Zuchtübung lag etwas von dem Ernst, mit dem man gerade in der reformierten Christenheit immer wieder darauf gedrungen hat, daß der Wandel der Gemeinde zur Ehre ihres Herrn geschehen müsse. Man wird ein wenig an die harte Disziplin erinnert, mit der einst in Genf Calvin die Gottesherrschaft aufzurichten versuchte. Aber es war in Nümbrecht alles milder und von Gesetzlichkeit freier.

Hören wir Prof. D. Lang, einen reformierten Theologen, der aus der Gemeinde Nümbrecht stammt und Pastor Engels' väterlich umsorgter Schützling gewesen ist: „Engels schwebte ein bestimmtes biblisches Gemeindeideal vor: es ist ohne Zweifel das alte calvinische... Es war und blieb bei Engels wie bei Calvin dasselbe Ziel: die Durchdringung der ganzen Gemeinde von Pastor und Presbyterium aus mit demselben Ernst der Hingabe an Christus und der Heiligung durch das Wort. Indessen ist sich Engels dieser Beziehung wohl selber schwerlich bewußt gewesen."

Engels hat tatsächlich mit seiner Mahnung und Zuchtübung die Gemeinde weithin erreicht. Wie haben sich seitdem die Zeiten gewandelt! Wo wäre solch ein Einfluß eines Pastors heute noch möglich?

Ein Stück des väterlichen Besorgtseins von Pastor Engels um seine Gemeinde war der Dienst an den Kranken, bei dem er keine Zeit und Kraft scheute. Aus der Zeit einer Ruhrepidemie erzählt ein altes Gemeindeglied:

„Es war an einem sehr heißen Nachmittag. Pastor Engels hatte sieben Beerdigungen. Er mußte mit an jedes Grab und mindestens ein Gebet sprechen. Da kommt gegen 7 Uhr der letzte Leichenzug. Robert Koch ist eben in der Nähe des Pfarrhauses beschäftigt. Pastor Engels winkt ihm und bittet ihn, nach der Beerdigung ins Pfarrhaus zu kommen. ‚Robert', sagt Engels dort zu ihm, ‚ich bin zwar müde, aber in Heddinghausen (3/4 Stunde Entfernung!) sind soviel Schwerkranke, die mich wünschen. Würden Sie mich wohl begleiten?' Robert ist bereit, und nun geht's nach Heddinghausen zu sämtlichen Kranken.

Es ist spät geworden, und beim Heimweg steht Pastor Engels still und sagt: ‚Robert, die Ruhrkranken in Göpringhausen liegen mir auch noch so auf dem Herzen!' ‚Gut', sagt Robert, ‚wir gehen hin.' Und wie dort die Hälfte der Kranken besucht war, war auch die Nacht herbeigekommen, und der Heimweg wurde angetreten.

Am nächsten Morgen erschien Pastor Engels wieder pünktlich zur Morgenandacht im Waisenhaus, und am Nachmittag vollendete und begann er aufs neue die Besuche. Dabei denke man an den Geruch, den die Krankheit mit sich bringt, und an die mangelhafte Pflege in jener Zeit, wo in einzelnen Ortschaften in jedem Hause Kranke und Sterbende waren."

Sorge um das junge Volk

Das wäre kein rechter Vater, dem nicht gerade die Jüngsten, die Heranwachsenden, Gegenstand der Fürsorge und der Fürbitte wären. Pastor Engels hat die Jugend sehr lieb gehabt. Wir hörten schon, wie gern er in seinem Nümbrechter Pfarrhaus das Spielen und Lachen seiner kleinen Neffen und Nichten hatte. In früheren Jahren, ehe er unter den körperlichen Gebrechen immer ernster und stiller wurde, konnte er auch selber mit Kindern springen und scherzen. Von Engels' Umgang mit Kindern hat jemand aus seiner Verwandtschaft berichtet:

„Schon auf Kinder machte die Persönlichkeit des lieben Onkels einen tiefen Eindruck. So darf ich wohl hier ein Kindergespräch erzählen, das ich ohne Wissen meiner Kinder von der Nebenstube mit anhörte. Es war kurz vor dem Einschlafen während des Ferienaufenthaltes in Nümbrecht. Der Älteste war acht Jahre, der Jüngere fünf Jahre.

E.: ‚Hast du schon einmal einen Heiligen gesehen?'

H.: ‚Nein.'

E.: ‚Weißt du auch, was das für ein Mann ist?'

H.: ‚Nein.'

E.: ‚Das ist ein Mann, der keine Sünde mehr tut. Weißt du, so wie unser Onkel Jakob; das ist ein Heiliger.'

Und auch ich dachte als Kind, die Worte aus dem Lied ‚Selig, ja selig ist der zu nennen, des Hilfe der Gott Jakobs ist', seien auf unsern Onkel gedichtet. Wer ihn nur in den letzten Jahren seines oft so schmerzensreichen und sehnsuchtsreichen Pilgerlaufes kennengelernt hat, der kann sich nicht denken, wie fröhlich, wie kindlich, ja, wie heiter der liebe Onkel in früheren und oft auch in späteren Jahren mit uns sein konnte. Da durften wir mit ihm auf alle die Höfe wandern, bald zur Besprechung und Bibelstunde, bald zur Hochzeit oder Taufe, bald zu

Krankenbesuchen oder auch zur Einweihung eines neuen Heims. Wie ein Vater sprach er da auf dem Weg mit uns, gab uns Rechenexempel und lateinische Verschen oder Rätsel auf, die meist als Lösung die Namen der Höfe hatten, denen wir zuwanderten, wie Winterborn, Distelkamp, Bierenbach. Z. B.: ‚Die ersten beiden Silben sind eine der vier Jahreszeiten, die letzte Silbe eine Quelle, dem Ganzen sind wir schon oft entgegengewandert.' (Winterborn.)

Dann stimmten wir fröhliche Lieder an. Noch sehe ich ihn vor mir, wie er oft in Gedanken, in Ewigkeitsgedanken versunken schien und dann doch wieder, wenn wir Kinder mitten im Schullied aufhörten, so freundlich fragte: ‚Und nun, wie ging's denn da weiter?' Groß war seine Freude an der Natur, an den ‚lieben Bergen', den Wäldern, den Wiesen, den Weiden, wo er sich kindlich freuen konnte, wenn's dem Weidevölklein schmeckte, so daß er ein Weilchen stehenblieb, um zuzuschauen, während die Stadtkinder vor dem gehörnten Weidekönig davonliefen. Manchmal lud auch eine Bank zum Sitzen ein, und dann erzählte er uns von seiner Tätigkeit, von seinen Kranken, zu denen er ging, und sprach mit solcher großen Liebe und Teilnahme von ihnen: ‚...die arme Leidensschwester, unser armer Bruder.' Durch solch Erzählen zog er unsere Kinderherzen mehr zum Heiland, als wenn er direkt von ihm zu uns geredet hätte...

Unvergeßlich sind uns auch die Gänge mit dem Onkel zu den Bibelstunden auf den Höfen hin und her. Wie herrlich waren besonders die Heimwege! Tiefer Friede in der Natur, Mond und Sterne leuchteten, aber nichts regte sich, und die stillen Berge ringsumher; die Wälder und Felder ruhten, oder es war nur ein vorübereilendes Bächlein, das sein Murmeln mit der Stimme des Heimchens verband. Die Heimkehrenden stimmten dann Heimatlieder an, wie: ‚Der Pilger aus der Ferne', oder: ‚Wo findet die Seele', oder: ‚Laßt mich gehn', oder: ‚Heim, ach nur heim'...

Waren die Ferien vorüber, und die Verwandten mußten wieder in die Ferne reisen, dann erfreuten sie die Grüße des Onkels. Er schrieb fast nur Karten. Wie nahm er dann an Freud und Leid des Familienlebens den tiefsten Anteil! Sein Gruß war immer ein stilles Segnen und Nach-oben-leiten."

Es gab ein kleines Waisenhaus in Nümbrecht, das Pastor Thümmel gegründet hatte und das sich der väterlichen Fürsorge von Pastor Engels erfreute. Mit rührender Treue erschien er jeden Morgen um 1/2 8 Uhr dort und hielt den Kindern eine Morgenandacht. Bei den Gängen durch die Gemeinde hat er manchem Kind liebevoll die Hand auf den Kopf gelegt. Das war immer wie ein Segen. Die Frage, die er dabei oft stellte: „Nicht wahr, du willst doch ein liebes Kind sein?", konnte auch einen Wildfang nachdenklich machen. Einem Jungen ist es bei solcher Handauflegung vorgekommen, als schaue ihn in dem milden, feierlich ernsten und doch auch wieder freundlich-gütigen Antlitz des Pastors Engels der Heiland, der große Kinderfreund, selber an.

Bei seinen Hausbesuchen hat Engels immer wieder den Eltern die Wichtigkeit rechter Kindererziehung eingeschärft. In der Kirche und in den Bibelstunden rief er oft mit einem Seufzer aus: „O, unsere Kinder, unsere Kinder!" Er sehnte sich nach Häusern in der Gemeinde, in denen Eltern und Kinder gemeinsam dem Herrn dienten. Beim Schlußsegen in der Kirche hörte man ihn gelegentlich sagen:

„Der Herr segne und behüte dich! Du Vater, du Mutter, bringe im Geist deine Kinder mit, stelle sie neben dich, daß sie mit dir gesegnet werden und du einst an jenem großen Tage sagen kannst: ‚Herr, hier bin ich und die Kinder, die du mir gegeben hast.'"

In einer Predigt schärfte er ein:

„Insbesondere ihr, ihr Eltern der Kinder! Euch sind ja

die Kinder vor allen Dingen übergeben; sie sind die meiste Zeit bei euch, ihr übt den größten Einfluß aus. O zieht sie doch auf in der Zucht und Vermahnung zum Herrn! Geht ihnen doch mit christlichem Beispiel voran! Bedenkt doch die Verantwortung, die ihr habt!...

Wie können Kinder in einem christlichen Hause, wo ein wahrhaft christliches Familienleben herrscht, wo das Bekenntnis gilt: ‚Ich und mein Haus, wir wollen dem Herrn dienen', einen Segen empfangen und Ewigkeitseindrücke empfangen, die mit den Kindern gehen in die Versuchungen und Gefahren des Lebens hinein!...

O, unsere Kinder, unsere Kinder! Wir legen sie zu deinen Füßen. Sie sind doch da für die Ewigkeit, haben sie doch eine unsterbliche Seele! Herr, erbarme dich unserer Kinder! Bewahre uns davor, daß wir den Kindern keinen Anstoß und kein Ärgernis geben, auch nicht durch verkehrte Worte, daß wir nicht unter den Fluch des Wortes kommen: ‚Wer ärgert dieser Geringsten einen, die an mich glauben, dem wäre besser, daß ein Mühlstein an seinen Hals gehängt und er ersäuft würde im Meer, da, wo es am tiefsten ist!'"

Unter den Zusprachen am Abendmahlstisch hatten die Mahnungen an die Eltern ihren gewichtigen Platz: Es wurde ihnen eingeschärft, sich genau die Häuser anzusehen, in die sie ihre Kinder in Stellung schickten. Sie wurden beschworen, ihre Kinder nicht zu belügen und nicht zur Lüge anzuleiten. Sie wurden ernst gefragt, ob sie ruhig zu Bett gehen könnten, während die erwachsenen Kinder unbeobachtet noch draußen herumstreiften.

Ja, Engels hat die Jugend lieb gehabt. Es war ihm ein großer Schmerz, wenn er sie ungute Wege wandeln sah. Das war verantwortungsbewußte Liebe, als er einmal einem jungen Lehrer in den Weg trat, der, während Engels in Begleitung eines Freundes an einem Sonntagnachmittag sich auf dem Weg zur Kirche befand, in der entgegengesetzten Richtung einem weltlichen Fest im oberen Dorf zueilte. In heiliger Entschiedenheit wandte sich Engels an den jungen Mann und mahnte, zur Kirche zeigend: „Hierhin geht der Weg!“

Wie konnte er in seiner unnachahmlich lieben Art jugendliche Sünder strafen! Er entdeckte einmal auf einem Kirschbaum des Pfarrgartens zwei Jungen, die sich an verbotener Frucht gütlich taten. Wie erschraken die Ertappten! Da sagte Engels zu ihnen: „Wartet, ich will euch eine Leiter holen, daß ihr wieder herunter könnt.“ Und wirklich, da kam er schon mit der Leiter angeschleppt! Beschämt stiegen die Missetäter herunter und schlichen still davon. Ob die noch ein zweites Mal bei Pastor Engels Kirschen gestohlen haben?

Daß solch ein Mann, der die Jugend so liebte und die große Verantwortung spürte, ihr den Heiland nahezubringen, die Zeit des Konfirmandenunterrichts sehr wichtig nahm und kräftig nutzte, ist wohl klar. Würdig, eindrücklich und für viele unvergeßlich wußte Engels den Konfirmationstag selber zu gestalten. Beim Konfirmationsgelübde übte er eine sehr zurückhaltende Praxis. Es wurden einige der wichtigsten Fragen des Heidelberger Katechismus und auch das Glaubensbekenntnis von den Kindern gesprochen. Dann fragte Engels:

„Ist das euer Glaube, den ihr suchen und bewahren wollt, darin zu leben und zu sterben?“

Das Suchen wurde stark betont, zum Suchen des lebendigen Gottes und des Heilandes wurden die Kinderherzen ermutigt. Und bei jedem Konfirmandenjahrgang in Nümbrecht waren solche, die den Herrn von ganzem Herzen suchten.

Auch nach der Konfirmation mühte sich Engels, die Verbindung mit dem jungen Volk aufrechtzuerhalten. In die Ferne flatterte mancher schriftliche aufmunternde Gruß des väterlichen Seelsorgers. So schrieb er z. B. einem jungen Mann, der zum Militär einberufen wurde, folgendes:

„Mein lieber Carl! Einen herzlichen Gruß rufe ich Dir

zu. Der Herr stärke Dich! Ein neuer Stand bringt neue Versuchungen, und insbesondere fehlt es auch in dem Soldatenstande, wo so viele junge Leute zusammen sind, nicht an Versuchungen. Das hast Du auch, wie mir Dein lieber Vater mitgeteilt hat, schon reichlich erfahren. Ach, mein lieber Carl, beweise Dich da als ein Kriegsmann Jesu Christi! Du weißt, Epheser 6 steht die Waffenrüstung für diesen geistlichen Streit. Lies die Stelle einmal durch von Vers 10 an, mit stillem, betendem Herzen! Es ist da auch von dem bösen Tag die Rede. Das ist die Zeit, wann die Versuchung, mag sie nun von innen oder von außen kommen, besondere Macht gebraucht. O, möchtest Du zu solcher Zeit Widerstand tun können und alles wohl ausrichten und das Feld behalten; möchtest Du ein treuer, demütiger Nachfolger des Herrn Jesu sein und dermaleinst, wenn die Jahre herum sind, mit ruhigem, dankbarem Herzen auf Deine Dienstzeit zurücksehen können! Nochmals, der Herr stärke Dich!

Der Dienst wird Dir wohl jetzt etwas leichter werden. Die schwerste Zeit, die Rekrutenzeit, liegt ja wohl hinter Dir. Hast Du auch den einen oder andern Soldaten getroffen, an den Du Dich in Liebe und Vertrauen anschließen kannst? Das stärkt auch auf dem Wege, wenn der Herr einem einen treuen Jonathan gibt. Freilich, der beste, treueste Freund bleibt er immer selber. – Ich höre wohl durch Deinen Vater weiter, wie es Dir geht.

Im Geiste drücke ich Dir herzlich die Hand.

Dein Pastor Engels.“

Macht über die Menschen

Das ist begreiflich: Dieser Mann, der so väterlich alle umfaßte in der Gemeinde, die Alten und die Jungen, die Gesunden und die Kranken, der sie in betender Sorge ständig vor den Thron Gottes trug, hatte eine heilsame Macht über die Menschen. Seinen Rat, seine Bitte, seine Mahnung, seine Warnung konnte so leicht niemand einfach überhören. Sein Trost, sein Zuspruch, seine Ermunterung hat vielen wirksam geholfen. In der Predigt, in der Seelsorge, in der Gemeinschaft der Gläubigen, in der Freundschaft, in der er vielen verbunden war – immer war er der Mann, der Macht über die Herzen hatte. Das bezeugt uns der Pastor und Schriftsteller Otto Funcke, der seit den Jahren seiner Tätigkeit in der oberbergischen Gemeinde Holpe mit Engels befreundet war:

„Ich habe nur ganz wenige Menschen kennengelernt, die so stetig und in allen Lagen des Lebens mit Gott wandelten wie mein Freund Engels. Er war ferne von aller gemachten Geistlichkeit und von frommer Salbaderei. Er brauchte das alles nicht, denn er war immer im Geiste der Ewigkeit. Er brauchte nie lange Vorbereitung, um mit Gott reden zu können; er war immer nahe bei ihm. Ich habe die Macht seines einfaltsvollen Gebetes oft genug erfahren an meinem Leibe und an meiner Seele, zumal in Zeiten, wo ich besonders durch die Tiefe geführt wurde.

Dieses Wandeln mit Gott gab ihm eine heilige Stille, wodurch er einen fast zauberischen Einfluß auf allerlei Menschen hatte. Die Gegenwart meines Jakob goß immer Öl auf die bewegten Wogen meines Seelenlebens und bewahrte mich vor allerlei Unbesonnenheit. Diese heilige Stille, die alles Vorübergehende und Wechselnde als klein nahm und das Ewige allein als groß gelten ließ, teilte sich in der Regel meiner bewegten Seele mit zu meinem großen Vorteil, während er sich durch meine lebhafte Art angeregt und bereichert fand. Wir haben uns in allen Nöten beigestanden, Leid und Freud miteinander geteilt und eine segensreiche Gebetsgemeinschaft miteinander unterhalten."

In unserem bisherigen Bericht über Engels' Wirken ist uns das öfter entgegengetreten, was Funcke seines Freundes „fast zauberischen Einfluß" auf allerlei Menschen nennt. Es gibt Menschen, die Macht über andere haben, deren Einfluß nicht aus guten und heilenden Quellen stammt. Es gibt trübe und gefährliche, suggestive, wenn nicht dämonische Einflußmöglichkeiten. Die Macht, die Engels über Menschen hatte, kam von Gott her. Solche Macht eignet denen, die aus der Stille kommen, viel für andere beten und hoffen und niemanden aufgeben. Hart wie ein Diamant und zart wie eine Mutter müssen nach den Worten eines geistvollen Franzosen die Priester und Seelsorger sein, die die Menschen leiten und ihnen helfen wollen.

Daß sich in Engels beides vereinigte, bestätigt uns wiederum Otto Funcke: „Er war fest, ja unerbittlich fest, wenn es sich darum handelte, den Heiland und den Heilsweg zu bezeugen und zu verteidigen. Wahrlich, er hätte das Material zu einem Märtyrer gehabt. Nicht umsonst rollte altes Hugenottenblut edelster Art in seinen Adern. Er kannte kein Kapitulieren und Vermitteln...

Andererseits aber war Engels mild und zart wie eine Mutter. Kein Atom von einem satten, fertigen Heiligen, kein Atom von einem stolzen, rechthaberischen Pfaffen oder von einem unbarmherzigen Sittenrichter war in ihm zu finden. Nein, auch den tiefstgesunkenen Menschen gegenüber war er zart und hoffnungsfreudig wie eine Mutter gegenüber dem verlorenen Sohn. Engels hatte Geduld wie eine Mutter; er konnte tragen, hoffen, warten wie eine Mutter. Und wie eine Mutter ihr Kind nie aufgibt, so hoffte er, an jeder Menschenseele noch eine Seite zu finden, wo sie für das Göttliche und Ewige zugänglich war. Hierin beruhte die Macht seiner Seelsorge."

Hören wir einige Beispiele von solcher Macht: Da kommt aus dem Siegerland ein Mann nach Nümbrecht, den schwere Anfechtungen quälen. Er trifft den Pastor nicht im Pfarrhaus an und eilt in den Ort, wo Engels gerade eine Bibelstunde hält. Die beiden fahren auf einem Wagen zur Nachtzeit heimwärts nach Nümbrecht. Lange hört Engels den bangen Reden des Gequälten zu. Dann sagt er ihm feierlich bestimmt: „Sagen Sie in allen Ihren Anfechtungen zum Herrn: Ich bin dein Kind, ich bin dein Kind!“ Das Wort wirkt Wunder, die Schatten der Seele weichen bei dieser schlichten Erinnerung, daß ein Kind Gottes sich auch im Dunkel seiner Kindschaft getrösten darf.

Da ist ein anderer Christ, dem auch Anfechtungen hart zusetzen. Kein Zuspruch der Brüder haftet bei ihm. In höchster Not eilt er zu einem Missionsfest, auf dem auch Pastor Engels reden soll. Vielleicht hat der Gottesmann ein helfendes Wort für ihn. Wie enttäuscht ist der gepeinigte Mann, als Engels nicht erscheint! Das Fest ist dem Ende nahe. Da kommt im buchstäblich letzten Augenblick Engels noch. Wichtige Krankenbesuche hatten ihn festgehalten. Es bleibt ihm nur noch Zeit, den Segen zu sprechen: „Der Herr segne dich und behüte dich“ usw. Da geschieht etwas Eigenartiges mit dem Tieftraurigen. All die schönen Ansprachen, die auf dem Missionsfest gehalten wurden, sind völlig wirkungslos an dem Mann vorübergegangen. Nun spricht Engels mit erhobenen Armen den Segen. Und als es heißt: „…und gebe dir Frieden!“, da fallen die Zweifel von dem Mann ab. Unter dem segnenden Zuspruch von Engels füllt wirklich Gottes Friede sein eben noch so zerrissenes Herz.

Engels' Art mit Menschen umzugehen, hatte etwas so Zartes, Taktvolles, Liebes, daß die Herzen dadurch gewonnen wurden. Einmal trifft er an einem schönen Plätzchen in Gottes Natur, an dem er gern ein wenig verweilt, ein städtisch gekleidetes Kinderfräulein mit ihrem kleinen Schützling. Er setzt sich neben das Mädchen und fragt: „Bei wem bist du denn, Kind?" Herzlich teilnehmend geht er auf ihre Interessen ein. Er wird tief mitfühlend, als er erfährt, daß sie in einem Waisenhaus erzogen worden ist. Er lädt sie ein, doch an den Andachten im Nümbrechter Waisenhaus teilzunehmen, und macht ihr am Schluß freundlich Mut, ganz zum Heiland zu kommen. Wer so mit den Menschen verfährt, gewinnt Macht über sie.

Es ging Engels entscheidend darum, die Leute zum Herrn Jesus zu führen. In welch feiner Art versuchte er das! Da war nichts von robusten Überfällen, geistlicher Gewalttätigkeit. Nicht einmal die Frage: „Hast du Frieden?" oder: „Bist du bekehrt?" hörte man oft aus seinem Munde. Er hatte seine eigene Art, mit den Menschen über das Eine zu sprechen, das not ist, und sie aufzufordern, mit Jesus Ernst zu machen. Aber die war wirkungsvoll!

Wie packte das einen jungen Mann, als Pastor Engels nach einer Bibelstunde ihm die Hand auf die Schulter legte mit den Worten: „Der Heinrich kommt auch noch." Was ist das für ein herrlich vertrauensvoller Satz! So spricht einer, der für die Menschen hofft, der es aber nicht als blühender Optimist tut, sondern als Beter. Jener Zuspruch hat dem Heinrich zurechtgeholfen. Wenig später kam er zum Frieden.

Engels ist ein Mann gewesen, der in der Predigt und Seelsorge nach der „klassischen" Methode verfuhr. Er wußte: Es gibt Leute, die sind bekehrt, und andere, die sind es nicht. Es gibt Leute, die sind zum Leben hindurchgedrungen, und andere, die sind noch im Tode. Es gibt Leute, die haben den schmalen Weg erwählt, und andere, die eilen auf dem breiten Weg dem Verderben zu. Aber dieses klare Unterscheiden hat Engels niemals zu einer unguten und vorschnellen Schematisierung in der Beurteilung des Glaubensstandes der Menschen geführt. Er wußte, es gibt mannigfache Stufen, in denen Gott sein Werk an den Herzen hat. Es war fein und zart, wenn er auf die Frage nach dem inneren Leben eines Menschen etwa so antwortete: „Er hat den Heiland lieb." „Er kommt unter das Wort." „Der Herr muß noch tiefer graben."

Es leuchtet ein, daß solch ein keuscher und zurückhaltender Mann mehr Macht über die Herzen hatte als mancher Stürmer und Dränger. Damit soll aber nichts gegen die „Knopflochmethode" gesagt werden, bei der man tapfer und ungeschminkt die Leute fragt, wie sie zum Herrn stehen. Diese Methode hat auch ihr gutes Recht. Man muß sich nur vor wahllosem und taktlosem Eifern hüten.

Macht über Menschen gewann Engels dadurch, daß er sich niemals über die Leute stellte, sondern sich immer mit ihnen in der Gemeinschaft der Sünder, die von Gottes Erbarmen leben und von Gottes Gnade gehalten werden, zusammenschloß. Ein früherer Konfirmand hatte sich sittlich schwer vergangen. Engels ließ ihn rufen. Er fragte ihn: „Ist das wahr, Wilhelm, was ich von dir gehört habe?" Unter Tränen stammelte der Missetäter: „Ja." Und nun folgte keine von den moralischen Standpauken, durch die mancher nur noch härter und boshafter geworden ist. Der demütige Seelsorger sagte vielmehr: „Ja, Wilhelm, das steckt in uns!" Der geheiligte Mann stellte sich auf einen Boden mit dem tief Gestrauchelten und bekannte: „Wilhelm, so ist dein Herz, unser aller Herz. Wir sind geneigt zu allem Bösen." – Hätten alle Seelsorger, alle Christen diese Haltung der großen Demut und des großen Erbarmens – sie würden mehr helfende und heilende Macht über Menschen gewinnen.

Noch ein Beispiel dafür, wie Engels unter den Leuten Seelsorge trieb: Im Leben und im Hause eines Ehepaares war allerlei auszusetzen. Engels brachte seine Ermahnungen in folgender Weise an: „Ach, es fehlt doch gar sehr in diesem Stück. Wir wollen aber lernen, in der Furcht Gottes zu stehen und zu leben, dann kommen solche Sünden und Verirrungen nicht vor. Willst du es unter Gebet versuchen, lieber Wilhelm, dann versprich es mir, und deine Frau wird es mir auch versprechen." Das traf die Leute, ohne sie zu verbittern.

Das Wort läuft

Funcke sagt von seinem Freund Engels, daß er das, was man „Kanzelgabe" nennt, eigentlich nicht besessen hat. Und doch kamen die Menschen in Scharen unter Engels' Predigt und wurden in geistesmächtiger Verkündigung vor das Angesicht Gottes gestellt. Und das ist ja wohl mehr, als wenn einer mit hinreißender Beredsamkeit die Massen fesselt. Bei einer vom Konsistorium in den 50er Jahren veranstalteten Auszählung der Gottesdienstbesucher ermittelte man als Durchschnitt die ansehnliche Zahl von 1700 Leuten. Und das bei 6000 Gemeindegliedern! So etwas ist in unserer Zeit der Gleichgültigkeit und des Abfalls vom Wort Gottes kaum noch faßbar.

Als Text für die Predigt wählte Engels gern kurze Kernsprüche der Heiligen Schrift, die er dann durchdringend beleuchtete. Da brauste nicht eine Fülle von sich überstürzenden Gedanken über die Köpfe hinweg, da wurden mit heiliger Beharrlichkeit Nägel tief und immer tiefer in die Gewissen und Herzen hineingeschlagen. Engels sprach volkstümlich, und immer ging es „per du". Sein Predigen war ein echtes seelsorgerliches Werben und Mühen um die Herzen. Man merkte, der Mann oben auf der Kanzel stellte sich niemals über die Leute, der stand immer mit ihnen auf einer Ebene; da, wo man in der Schwachheit des Fleisches mannigfach fehlt und nur von der Gnade des Herrn leben kann.

Alles, was Engels den Leuten sagte, das rief er zunächst sich selber zu. Wenn er z. B. davon sprach, daß das trotzige Verhalten der Menschen Gottes Zorn mannigfach herausfordert, dann wehrte sich wohl unter den Hörern der eine oder andere innerlich gegen eine solche Behauptung. Er redete sich ein, er hätte es doch wirklich nicht so schlimm getrieben. Der Mann auf der Kanzel wußte um solche Einwendungen. Darum betonte er noch einmal kräftig: „Du und ich, wir haben es arg genug gemacht." O das bekam man oft von Engels zu hören, dieses „du und ich"!

Dieser vollmächtige Prediger konnte auch machtvoll beten. Sein Kämmerlein war ein Heiligtum. Seine Gebete im Gottesdienst hoben die ganze Gemeinde, die er mit väterlicher Liebe umsorgte, an das Herz Gottes. Hören wir ihm zu:

„Ja, Herr, du allein sollst es sein, unser Herr, unser König. O mache dir doch, Herr, alles untertänig an uns, in uns! Wir wollen dir nicht bloß huldigen als dem König mit unsern Hosiannarufen, wir wollen ganz für dich sein, dir als König gehorchen. O decke du es uns auf, wenn noch irgend etwas da ist in unsern Herzen, in unsrer Gesinnung, in unsern Worten, in unserm täglichen Leben, was sich nicht unter dein sanftes Regiment beugt und gibt, und mache dir alles untertan, daß wir nur dir leben, dem guten, gnädigen, sanftmütigen König der gekreuzigten Liebe. Herr, überwinde noch manche Herzen durch deine Liebe, daß sie sagen müssen: Nun kann ich es nicht mehr aushalten in mir selbst und in dem eigenen Leben, nun muß ich meinem Heiland leben. Herr, du hast mich überredet, und ich habe mich überreden lassen, du bist mir zu stark gewesen und hast gewonnen.

Herr, segne auch die Gemeindeglieder, die draußen dienen! O Herr, wir legen sie dir alle in dieser argen Welt, wir legen unsere ganze Gemeinde auf dein Herz. Herr, hilf! Herr, segne! Segne auch diese Woche! Besuche die Kranken und Schwachen, die Alten und die Gebrechlichen, tröste die Herzen! O gib, Herr, daß auch einmal eine Bewegung im Geistlichen durch unsere Gemeinde gehe und daß viele wieder dir das Hosianna entgegenrufen und es mit dir halten, dem sanftmütigen König, der gekreuzigten Liebe! Amen."

Solches Beten war keine gewohnheitsmäßige Schablone, das war ein Reden mit Gott und für die Menschen in Kraft und Geist. Und wie war es Kraft und Leben, wenn ganz zum Schluß des Gottesdienstes Pastor Engels zum Segnen die Hände hob! Dann wurde in Wahrheit der Segen Gottes auf die Gemeinde gelegt. Dann wurde jedem einzelnen der Friede, der höher ist als alle Vernunft, zugesprochen. Später, als Engels alt und matt geworden war, bat er öfter das Presbyterium, ihn doch sein Amt niederlegen zu lassen. Aber die Männer sagten: „Herr Pastor, bleiben Sie! Sie brauchen gar nicht mehr zu predigen. Auch die Amtshandlungen kann der Hilfsprediger übernehmen. Es genügt uns, wenn Sie uns am Schluß des Gottesdienstes segnen."

Die Kanzel in der Nümbrechter Kirche war nicht die einzige Stätte, wo Engels seiner Gemeinde das göttliche Wort verkündigte. Es gab die vielen Bibelstunden in den Höfen, die meistens in einer Bauernstube stattfanden. Es wurden sogenannte „größere Versammlungen" gehalten, an denen Engels' Herz besonders hing. Daran nahmen auch befreundete Pastoren aus der engeren und weiteren Nachbarschaft teil, und den „Boten" der Evangelischen Gesellschaft für Deutschland, die vom Wuppertal aus ihre gesegnete Evangelisations- und Gemeinschaftsarbeit auch im Oberbergischen trieb, wurde gern das Wort eingeräumt. Wie war Engels besonders mit dem originellen Boten Scheffels verbunden!

Der Nümbrechter Pastor war keiner von denen, die alles selber machen wollten. Zwar konnte er gelegentlich Leuten das Wort verbieten, die von außen her mit anfechtbaren Lehren und Lieblingsfündlein sich in die Gemeinde drängten; aber niemals hinderte er die Gaben, die Gott in seine Gemeinde gelegt hat. Er wußte durch sein ganzes Wesen seinem Amt Geltung zu verschaffen, aber er war niemals in dem Sinne „amtsbewußt", daß er sich als Alleinherrscher in der Gemeinde gefühlt hätte. Wie freute er sich vielmehr an allem brüderlichen Austausch! Wie suchte er ihn überall! Gern ging er in den früheren Jahren ins Siegerland und holte seinerseits die Siegerländer Brüder, allen voran den Gerbermeister Tillmann Siebel von Freudenberg, den

Vater der Siegerländer Gemeinschaften, nach Nümbrecht zum Dienst. Wenn er unter den Brüdern weilte, mit ihnen das Wort verkündigte, mit ihnen des Reichtums Gottes und des Heilandes sich freute, dann war seine Seele so recht in ihrem Element. Das war ihm ein Vorgeschmack der himmlischen Herrlichkeit und der vollkommenen Gemeinschaft der Erlösten.

Und es dürfen die Feste nicht vergessen werden. Die Missionsfeste! Die Jahresfeste! Da strömten die Leute, die nach dem Wort und nach Gemeinschaft begierig waren, von weither in Scharen zusammen. Dann wurde herzhaft das Brot des Lebens gereicht und genommen. Dann fehlte es aber auch nicht an irdischem Brot, und die Gastfreundschaft feierte Triumphe. Das gehörte zu den Festen als selbstverständlich dazu, daß man gern beherbergte und gastfrei war ohne Murren.

Einmal ging es anläßlich eines Festes in einem Hause, in dem sich auch Pastor Engels aufhielt, besonders hoch her. Die Gäste drängten sich, Kaffeekanne und Kuchenschüssel machten unermüdlich die Runde, und die Hausmutter hatte keine ruhige Minute. Kein Wunder, daß ihr ein paar Wolken des Unmuts über die Stirn ziehen. Engels sieht es und fragt väterlich: „Lenchen, murmelt's auch hier drinnen?“ Dabei legt er die Hand auf die Brust. Lenchen ist freimütig genug und bekennt, daß sie kräftig drücken muß, um den Unwillen niederzuhalten. Sie wird ermutigt: „So ist's recht, drücke du nur tapfer zu!“ Dann aber hat der fürsorgliche Engels ein Lied singen lassen und der Hausfrau eine Pause zum Verschnaufen verschafft.

O ja, das Wort lief kräftig und fröhlich auf allerlei Weise durch Nümbrecht. Und es kehrte nicht leer zurück. Es erwies sich an vielen als das Wort, das mächtig ist, die Verlorenen selig zu machen und die Gläubigen zu erbauen. Wir haben schon Proben von Engels' Verkündigung kennengelernt, wir wollen aber noch einige Predigtauszüge hören. Wir beginnen mit einer Predigt über Johannes 10, 16: „Und es wird eine Herde und ein

Hirte sein." Sie zeigt uns, wie dankbar und pietätvoll Engels zur Volkskirche stand, wie er aber wohl wußte um das Geheimnis der auserwählten Gemeinde des Herrn:

„Laßt uns auch treue Glieder unserer sichtbaren Kirche sein! Wir gehören der nach Gottes Wort reformierten Kirche an. O gedenket an die Männer Gottes, die einen so schweren, heißen Kampf gekämpft haben! Gedenkt an alle die treuen Zeugen in unserer nach Gottes Wort reformierten Kirche! Gedenkt auch an die Blutzeugen, an die Märtyrer! Unsere Kirche ist auch eine Märtyrerkirche. Wie hat es in ihr so manche Blutzeugen gegeben, die um ihres Glaubens willen gelitten haben! Ich denke auch an meine Vorfahren, die, um ihrem Glauben treu zu bleiben, ihr Vaterland und ihr Vermögen im Stich gelassen haben und aus dem Süden Frankreichs ausgewandert sind.

Es ist wahr, unsere sichtbare Kirche hat sehr viele Mängel und Gebrechen. Das weiß niemand besser als wir Pastoren. Und was seufzen wir manchmal unter den Mängeln und Schäden! Aber seufzet mit uns und betet mit uns! Doch der Herr hat unsere Kirche noch nicht verworfen; sollten wir sie denn verwerfen, wenn auch viele Mängel und Gebrechen in ihr sind? Der Herr hat noch Geduld mit ihr – sollten wir da nicht Geduld haben? Der Herr ist noch unter uns; sollten wir denn nicht da sein, wo der Herr noch ist?... Wo will man denn eine reine sichtbare Gemeinschaft finden? Ach ja, ihr Brüder und Schwestern im Herrn, laßt uns lebendige Glieder der auserwählten Gemeinde, der unsichtbaren Kirche sein, Schafe des Herrn Jesu, die zu der einen Herde gehören, aber dann auch treue Glieder unserer sichtbaren Gemeinde, und laßt uns doch recht für sie beten!...

Ihr wisset es: Wir unterscheiden eine sichtbare und eine unsichtbare Kirche. Es gibt eine unsichtbare oder inwendige Kirche. Mitten in der sichtbaren Kirche oder in den sichtbaren Kirchen besteht die unsichtbare Kirche, die auserwählte Gemeinde des Herrn, das Königreich Jesu, wozu die wahren lebendigen Christen, die Schafe des Herrn Jesu gehören. Vor den Augen der Menschen ist sie unsichtbar, aber vor dem Herrn steht sie da in ihrer Schöne und Herrlichkeit... Seht, wir, die wir an den Herrn Jesum glauben, sind eine Herde. Das laßt uns wohl festhalten... und laßt uns alles fahren lassen und abwerfen, was sich damit nicht verträgt, was der Einheit im Wege steht! Laßt uns den Sinn haben, den Tersteegen ausdrückt:

Sollt' wo ein Schwacher fallen,
so greif' der Stärkre zu,
man trag, man helfe allen,
man pflanze Lieb' und Ruh'.

Kommt, bindet fester an!
Ein jeder sei der Kleinste,
doch auch wohl gern der Reinste
auf unsrer Liebesbahn."

Pastor Engels hatte die Gewohnheit, in der Neujahrspredigt eine Losung auszugeben, welche die Gemeinde durch das ganze Jahr begleiten sollte. Am Neujahrstag 1881 wählte er den Text 1. Mose 22, 1-3. Drei Worte waren es, die er als Jahreslosung eindrücklich zu machen versuchte, die Worte, mit denen Abraham auf den an ihn ergehenden Ruf Gottes einging: Hier bin ich! Darüber hat Engels eine köstliche Predigt gehalten, aus der einiges angeführt sei:

„Es tritt die Stimme Gottes an uns heran, die treue Stimme Gottes. Gott ruft uns, wie einst Abraham, und nennt uns mit Namen, dich, mich: Abraham! Wir antworten mit Abraham: Hier bin ich! Ich bin für dich da, ich stehe für dich bereit, ich stelle mich dir zur Verfügung. Das ist unsere Antwort, unsere Losung für heute, für die Gegenwart: Hier bin ich! Wir hören auf keine andere Stimme, wir hören nur auf die Stimme aus der Ewigkeit,

auf die Stimme des treuen Gottes und Heilandes. Ach, möchten viele sein, die in diesem Sinne sprechen: Hier bin ich! Hier bin ich! Hier sind meine Sünden, ich bekenne sie dir in herzlicher Demut und Beugung und ergreife das teure Blut Jesu Christi, das da geflossen ist so mildiglich auf Golgatha zur Vergebung aller meiner Sünden.

Hier bin ich! Hier ist auch meine sündliche Art, mit der ich mein Leben lang zu streiten habe. Ich bringe sie dir, und du wirst mir beistehen im Kampfe, daß ich überwinden kann und daß ich auch am bösen Tage Widerstand tun und alles wohl ausrichten und das Feld behalten kann.

Hier bin ich! Hier ist meine Zeit, die ich noch zu leben habe hier auf Erden. Meine Zeit steht in deinen Händen, und ich begehre, Herr, nur dir zu leben und nur für dich zu sein und meine Zeit zu benutzen und auszukaufen in treuer Weise in deinem Dienst und zu deiner Ehre und zum Segen meiner Mitmenschen.

Hier bin ich! Hier ist mein Geld und mein Gut, mein Haus, in dem ich wohne, und mein Vermögen. Es gehört alles dir, ich habe es dir gegeben, ich gebe es dir aufs neue, ich bin nur dein Verwalter und dein Haushalter und begehre, treu zu sein als dein Haushalter.

Hier bin ich! Hier ist meine Familie, die, die mir nahestehen. O da sage, bist du Vater, bist du Mutter: Hier bin ich und die Kinder, die du mir gegeben hast! O, decke alle meine Sünden und meine Versäumnisse in der Erziehung meiner Kinder zu! Ich habe so viel versäumt. Ich bringe dir meine Kinder, ich lege sie zu deinen Füßen. Herr, segne sie und setze mich zum Segen für sie, daß ich an dem großen Tag der Offenbarung einmal sagen kann: Hier bin ich und die Kinder, die du mir gegeben hast!

Hier bin ich! O hier ist auch mein schwacher Körper und mein Leiden und meine Gebrechen. O ich begehre stille und geduldig mein körperliches Leiden zu tragen, es dir nachzutragen. Ich bin willig, das Kreuz auf mich zu nehmen und durch mancherlei Leiden, wenn's dein Wille ist, ins Reich Gottes zu gehen.

Hier bin ich! Hier ist mein Herz, ich geb' es dir, hier ist mein alles. Ja, wenn ich noch etwas vergessen habe, mein Gott und mein Herr – du hast mich ja heute gerufen: Abraham! Und ich antworte: Hier bin ich, ich stehe für dich und die Ewigkeit bereit, ich stelle mich dir zur Verfügung mit allem, was ich bin und habe, – o Herr, wenn ich noch etwas vergessen habe: Hier ist mein alles, ich halte dir nichts zurück, auch nicht das Allergeringste, meine Ehre nicht, gar nichts!

Hier bin ich! Es ist auch unsere Losung für die Zukunft bis an unser Ende... Werft euer Vertrauen nicht weg: wir sind für einen guten Herrn da... Wir wissen das doch besser als Abraham. Warum wissen wir es noch besser? Nun, weil wir Kinder des Neuen Bundes sind, weil wir auf Golgatha stehen unter dem Kreuz des Herrn Jesu... Wir können fröhlich sagen: ‚Ich bin gewiß, daß weder Tod noch Leben, weder Engel noch Fürstentümer noch Gewalten, weder Gegenwärtiges noch Zukünftiges, weder Hohes noch Tiefes, noch keine andere Kreatur kann uns scheiden von der Liebe Gottes, die in Christo Jesu ist, unserm Herrn.' Darum können wir das sehr fröhlich sagen: Hier bin ich! und können mit dieser Losung sehr fröhlich in die Zukunft hineingehen."

Hören wir jetzt den Seelsorger Engels, wie er um die Herzen der Alten und der Kinder in einer Konfirmationspredigt wirbt:

„Die Gottseligkeit ist zu allen Dingen nütze und hat die Verheißung dieses und des zukünftigen Lebens. – Die Gottseligkeit! O, wie klingt das so lieblich! Was sind die Leute doch Toren, die da meinen, wen man sich zum Heiland bekehrte und gottselig wäre, dann müßte man ein trauriges, trübseliges Leben führen, da hätte man keine Freude mehr! Das ist eine Lüge, das ist durch den Feind der Menschen, durch den Teufel, in die Welt gekommen. Wenn wir gottselig sind, dann sind wir wieder in unserem Element, und wir können uns ja doch nicht eher wohl

fühlen, bis wir wieder in unserem Element sind. O Herr, drücke doch den Kindern das Wort ins Herz: Gottseligkeit!

Wir können aber nur gottselig sein, wenn wir den Heiland lieb haben, den uns der Vater gegeben hat. Wir müssen auf die Frage antworten können, die der Herr dem Simon Petrus vorlegte: ‚Simon Jona, hast du mich lieb?' Was antwortete da Petrus? ‚Du weißt alle Dinge, du weißt, daß ich dich lieb habe.' Christum liebhaben ist besser denn alles Wissen. Da muß er für uns sein: mein Lehrer, zu dessen Füßen ich sitze, mein Hoherpriester, dessen blutiges Opfer ich mit beiden Händen ergreife zu meinem Seelenheil, mein König, dessen Untertan ich bin, dem ich lebe, der mich regiert durch seinen Geist und sein Wort..."

Dann nennt Engels einige Dinge, zu deren rechtem Gelingen und rechter Erfüllung die Gottseligkeit ihren herrlichen Nutzen beweist: die Arbeit, das Leiden, den Kampf gegen die Sünde, das Halten der Gebote Gottes. Dann preist er die Gottseligkeit, weil sie schon dieses Leben verklärt, weil sie auch irdischen Segen bringt nach des Heilands Wort: „Trachtet am ersten nach dem Reich Gottes, so wird euch solches alles zufallen." Die Gottseligkeit allein ist es auch, die zum seligen Sterben hilft. Sie führt ins ewige Leben hinein. Zum Schluß der Predigt kommt die herzliche Werbung und Mahnung, doch solcher Gottseligkeit das Herz zu öffnen:

„O werdet gottselige Kinder, werdet gottselige Jünglinge, sucht aber die Gottseligkeit allein bei Jesu! Ihr erinnert euch noch wohl, Kinder, als wir in dem Katechismus von dem Namen Christ sprachen, wie ich euch da gebeten habe, ihr solltet doch darum bitten, daß ihr nicht die Zahl der Namenchristen vermehrt, die wäre ohnedies schon so groß. Ich habe euch ein Verslein gesagt:

Mein Gott, ach lehre mich erkennen

den Selbstbetrug und Heuchelschein,
daß tausend, die sich Christen nennen,
mitnichten Christi Glieder sein;
ach wirk' in mir, zu deinem Ruhm,
mein Gott, das wahre Christentum!

Ich stelle zum Schluß vor euch hin das Kreuz Jesu. Seht, Kinder, seht den blutenden Heiland, seht seine Liebe! Jesus ladet euch ein und ich an seiner Statt. Er spricht: ‚Gib mir dein Herz!' Und wo ist euer Herz besser aufgehoben und bewahrt als in der Liebe unseres Heilandes? Kommt zu Jesus! O möchten viele in dieser Versammlung darin eins sein, daß sie mit mir sagen: Drum auch, Jesus, du allein sollst mein ein und alles sein!"

Zum Schluß folgt jetzt noch ein Auszug aus der Predigt über Lukas 5, 8-11, die Engels in eigener tiefer Bewegung und vor einer innerlich erfaßten Gemeinde am Tage seines 25jährigen Amtsjubiläums gehalten hat, am 19. Dezember 1876:

„*...Meine Freunde, ich geselle mich heute zu Petrus. Mich demütigt heute die Güte des Herrn. O, auch der Ernst Gottes hat mich oft tief bewegt, knüpfen sich doch die ersten Eindrücke, durch die der Herr zu mir geredet hat, an das Wort ‚Ewigkeit'. Der Herr hat oft ernst zu mir geredet und hat mich durch seinen tiefen Ernst und dadurch, daß er zu mir geredet hat von meinen Sünden und von meiner Unwürdigkeit, tief gedemütigt und in den Staub gelegt. Aber heute beugt und demütigt mich nur die Güte des Herrn...*

Ich habe oft ernst geredet über das Kreuz und unter dem Kreuz, wie ihr mir Zeugnis geben müßt, nicht geschwiegen zu den Sünden der Gemeinde, wenn gleich ich oft noch ernster hätte reden müssen. Aber der Herr hat mir trotzdem die Liebe der Gemeinde erhalten. Ich bin mit Schwachheit, Furcht und großem Zittern oft auf die Kanzel gestiegen, das weiß der Herr, aber der Herr hat mich nicht im Stich gelassen, wenn ich auch oft gedemütigt die Kanzel wieder verließ.

Schwachheit hat mir vielfach angeklebt, und doch hat der Herr seine Hand über mir gehalten, daß ich durch meinen Wandel nicht niedergerissen habe, was mein schwaches Wort aufzurichten suchte.

Und was die Hauptsache ist: Wie schwach auch mein Wort und Zeugnis gewesen ist, mein Wort ist doch nicht ganz leer zurückgekommen, meine Arbeit ist doch nicht ganz vergeblich gewesen. Ja, ich habe die Hoffnung, daß ich noch etwas von meiner Arbeit in der Ewigkeit wiederfinden werde.

‚Herr, ich bin es nicht wert, ich bin ein sündiger Mensch!' O, wenn ich das mit Petrus jetzt sage, da tritt auch meine Jugend und meine Jünglingszeit mit ihren Sünden vor meine Seele, und ich gedenke an all die viele Versäumnis, Unterlassung und Schwachheit der 25 Jahre.

Ich habe gern ein treuer Haushalter sein wollen, aber doch, wie viele Schwachheit, Versäumnis, Mängel und Gebrechen treten vor meine Augen!

Ich bin ein sündiger Mensch. So geselle ich mich zu Petrus und umklammere mit ihm die Knie meines Herrn. Du auch? Gesellst du dich auch zu Petrus? Kennst du auch solchen Platz in herzlicher Demut zu den Knien des Herrn Jesu?

Petrus sagt da noch ein Wort: ‚Herr, gehe von mir hinaus, ich bin ein sündiger Mensch!'... Und doch, während sein Mund so spricht, umklammert sein Herz den Heiland, und seine Hände umklammern die Knie des Herrn. O wunderbarer, lieblicher Widerspruch! Petrus sagt: ‚Gehe von mir hinaus, ich bin ein sündiger Mensch', und doch hält er den Herrn fest!

Meine Freunde, Simon Petrus hat nachher seinen Meister noch besser kennengelernt. Da hat er erkannt, daß Jesus gekommen ist, zu suchen und selig zu machen, was verloren ist, daß er gerade die Sünder annimmt; und wir sehen nicht, daß Petrus in seinem späteren Leben noch einmal so spricht: ‚Herr, gehe hinaus von mir; denn ich bin ein sündiger Mensch!'… Er hatte es nun besser gelernt: ‚Herr, ich bin ein sündiger Mensch, und darum komme ich zu dir und bleibe bei dir und lasse dich nicht; denn ich habe dich so nötig.' Und ich spreche auch heute zu ihm: Ich hänge mich an dich mit aller meiner Schwachheit, ich habe dich so nötig, ich bleibe bei dir. Gedenke nicht der Sünden meiner Jugend, gedenke nicht der Sünden meines Amtslebens, vergib alle Schwachheiten, die mir unterlaufen sind. Ich habe so viel versehen, mache es wieder gut. Ich lasse dich nicht. Auch für die übrige Zeit meines Amtslebens lasse ich dich nicht. Ich weiß, daß deine Kraft sich in meiner Schwachheit vollenden muß…

‚Von nun an wirst du Menschen fangen', sagt der Herr zu dem tief gedemütigten Petrus. O, ich denke an mich. Das ist ja 25 Jahre lang mein Amt gewesen, nachdem der Herr mich gedemütigt und zu sich gezogen hat. Nun, ich durfte es eben sagen: Meine Arbeit ist nicht ganz vergeblich gewesen… Wenn das auch so ist, so demütigt mich doch auch so manches und legt mich in den Staub. Nur das will ich sagen: So viele, viele sind es, die haben sich an den Schall des Evangeliums gewöhnt, sie stehen lau und gleichgültig der Predigt gegenüber. Und ach, so viele, viele von denen, die ich unterrichtet und konfirmiert habe, Jünglinge und Jungfrauen, ach, wie steht es mit ihnen, auf welchem Wege sind sie?

O wenn der Herr zu mir sagte: ‚Von nun an wirst du Menschen fangen', das wäre eine köstliche Verheißung, wenn sie wahr würde. Und wenn auch heute an diesem Tage, dem ich mit schwerem Herzen entgegengesehen habe, wenn auch heute der eine oder andere gefangen würde! Wenn es dir heute durchs Herz ginge und du zu den Füßen des Herrn niedersinken könntest mit Petrus! Das darf ich von Herzen sagen, ich suche nicht das Eure, sondern euch!

‚Von nun an wirst du Menschen fangen!' – Aber ich will keine Ansprüche an den Herrn machen. Ich lerne immer mehr in der Schule Jesu, anspruchslos zu werden,

Gott und den Menschen gegenüber, lerne immer mehr, mir genügen zu lassen an seiner Gnade. Ich will es ihm auch überlassen, ob er diese Verheißung wahr machen will. Ich will mich nur treu erfinden lassen die übrige Zeit meiner Pilgrimschaft. Das andere gebe ich dem Herrn hin.“

«Ich sehne mich so nach Vollkommenheit!»

Wir haben in den vorangehenden Zeugnissen Jakob Engels kennengelernt als den Mann einer umfassenden Seelsorge, als den unermüdlichen, unerschrockenen, klaren und treuen Prediger des göttlichen Wortes. Es ist durchgeklungen: Dieser Mann hat eine heilige Sorge, ja nicht andern zu predigen und selbst verwerflich zu werden. Er weiß, daß all der Sorge um die Seele der andern immer wieder vorausgehen muß die Sorge um die eigene Seele. O ja, Pastor Engels hat um die eigene Seele große Sorge getragen. Diese ist immer tiefer geworden, je länger er in der Nachfolge seines Herrn und im Dienst für seinen Herrn unter den Menschen stand. Er sehnte sich danach, daß Wort und Wandel bei ihm übereinstimmten, daß er seinen Herrn durch eine ganze Hingabe ehrte und erfreute.

Es war nicht irgend etwas an diesem Mann, irgendeine Gabe oder Tugend, die ihn besonders hervorhob, es war der Mann selber, der ganze Mann, diese durch und durch geheiligte Persönlichkeit, von der die machtvolle Wirkung auf die Menschen ausging. Hören wir noch einmal den früheren Konfirmanden von Pastor Engels, Prof. D. Lang aus Halle: „Die Gemeinde Nümbrecht in ihren besten Zeiten unter Engels kennenzulernen, war eine Glaubensstärkung; aber mehr noch als das von Gottes Geist durchwehte Gemeindeleben galt in den Augen jedes tiefer Blickenden die Gestalt ihres Pfarrers in seinem Mittelpunkt. Sie zog alles, ohne es zu wollen und zu suchen, in ihren Bann, und zwar, weil jedermann fühlte: Hier ist, wenn irgendwo, ein echter Jünger Jesu. Hier ist ein Mann, der für die Ewigkeit lebt, und von dem Ewigkeitskräfte bei jeder, auch einer flüchtigen Berührung ausgehen."

Engels war eine geheiligte Persönlichkeit, aber dabei erquickend natürlich. Er war kein fertiger und erst recht kein mit sich zufriedener Heiliger. Er hatte sein Ziel hoch gesteckt, so hoch, wie es die Botschaft der Bibel tut: Er wollte gerne vollkommen sein, wie der Vater im Himmel vollkommen ist. Einst traf ihn jemand traurig an und fragte, was ihm fehle. Er erhielt die bezeichnende Antwort: „O ich sehne mich so nach Vollkommenheit!“ Für solch einen Mann gab es nie ein Ausruhen auf erreichten Stufen und gemachten Erfahrungen, da gab es nur das ganze Leben hindurch eine Parole: Mit Jesus vorwärts! Vorwärts, diesem letzten, ewigen Hochziel entgegen, daß Gottes und des Heilandes Bild ganz aus uns leuchtet.

Engels ist diesem Ziel nicht selbstquälerisch nachgelaufen. Sein Heiligungsernst und seine Vollkommenheitssehnsucht blieben immer auf dem biblischen Grunde der Glaubensgerechtigkeit in Jesu Kreuz. Es wurde niemals für ihn die Rechtfertigung des Sünders aus Gnaden eine mindere Stufe, über die man im hohen Flug des Vollkommenheitsstrebens hinausgelangen könnte. Sie blieb Kern und Stern seines Glaubens, seiner Gewißheit, seines Trostes im Leben und im Sterben.

Aber die Glaubensgerechtigkeit wirkt sich in der Lebensgerechtigkeit aus. Engels sagt einmal:

„Wir sind gerecht, und wir werden auch gerecht in Christo. Das erste bezieht sich auf die Glaubensgerechtigkeit, das zweite auf die Lebensgerechtigkeit. Wenn wir mit Gott versöhnt sind, dann wandeln wir auch in einem neuen Leben, und die Sünde kann nicht mehr herrschen über uns. Die Gerechtigkeit wird unser innerstes Wesen und Leben. Wir folgen dem nach, der uns erkauft hat, und es liegt uns an, in seinen Geboten zu bleiben, und es wird unsere Speise, den Willen unseres Herrn zu tun.“

Das ist das Geheimnis: Da, wo ein Mensch die Vergebung der Sünden, den Zuspruch der Gerechtigkeit empfangen hat, da ist er nun in das göttliche Element der Liebe hineingetreten. Da kann es gar nicht anders sein, als daß der Mensch innerlich befreit und willig wird zum Leben der Hingabe und des Gehorsams. Man kann den „Christus für uns“ nicht trennen von dem „Christus in uns“. Christus wird das innere Gesetz unseres Lebens und Wandelns, und da wird es des Menschen Lust und Seligkeit, den Willen Gottes zu tun.

Engels' Auffassung von der Heiligung ist biblisch. Nicht er wollte leben, sondern Christus sollte sein Leben in ihm, dem Jünger, leben. Bei der Auslegung von Gal. 2, 20: „Ich lebe aber, doch nun nicht ich, sondern Christus lebt in mir“, hat Engels in vier Stufen das Wachsen des Heiligungslebens umfaßt:

1. Ich, nicht Christus.
2. Ich und daneben Christus.
3. Christus und daneben ich.
4. Christus, nicht ich.

Die vierte Stufe zu erreichen – danach sehnte er sich ein Leben lang.

Das Ziel, das ewige Erbe, das himmlische Kleinod hatte es Engels angetan. Die biblische Wahrheit, daß keiner, der nicht der Heiligung nachjagt, den Herrn schauen wird, hatte sich ihm tief ins Herz eingeprägt. Er wollte das Kleinod haben, darum stand er mit ganzem Ernst in der Heiligung.

Einem seiner Hilfsprediger, dem später so bekannten und gesegneten Pastor Wilhelm Haarbeck, ist das erste Zusammentreffen mit Engels unvergeßlich geblieben. Nach einem Fest in Waldbröl sitzen noch einige Brüder in lebhaftem Austausch über das herrliche Thema „Der Lauf nach dem Kleinod“ zusammen. Da erscheint Pastor Engels in der Tür. Er ist im Aufbruch begriffen und hat keine Zeit mehr. Aber er hat verstanden, was die Brüder bewegt, und er sagt: „Es mag nun gehen, wie es will – ich muß das Kleinod erlangen.“ Und schon ist er verschwunden.

In diesem kurzen, zielklaren Satz lebt der ganze Engels. Der Mann wollte unter allen Umständen ans Ziel, in die Vollendung, in die Herrlichkeit Gottes hinein! Darum war er nie mit dem Erreichten zufrieden, darum streckte er sich aus nach mehr Liebe, mehr Treue, mehr Kraft, mehr Geduld. Darum geschah sein Wandel in heiliger Vorsicht.

Engels hielt hoch von der Bekehrung. Aber es war und blieb seine Sorge, daß die Bekehrten nicht die Reinigung vergäßen:

„Daß es bei uns allen zu einer ernstlichen Bekehrung, zur Wiedergeburt kommen muß, wissen wir. Wir sind dann der Vergebung unserer Sünden gewiß, mit Gott versöhnt. Aber trotzdem müssen wir Bekehrten uns immer wieder bekehren, das heißt: uns immer mehr von unserm eigenen Ich bekehren. O, welche Rolle spielt das eigene Ich noch bei den Bekehrten! Da heißt es immer mehr hinabsteigen in die Tiefen unseres Herzens, uns immer mehr Sünden aufdecken lassen, immer mehr abbrechen lassen von dem steinigen Boden unsers Ichs, damit Gottes Werk, Gottes Bau sich in uns vollende... Die Buße nach der Bekehrung geht tiefer als die vor der Bekehrung. Da lernt man tiefer in sein vergangenes Leben hineinschauen, tiefer in sein sündliches Herz hineinschauen. Wie schmerzt es uns da, daß wir die Liebe gekränkt haben, die wir in unserm Leben erfahren haben! Wie schmerzt es uns, wenn wir dem Herrn Unehre gemacht haben!“

Engels wollte, überwunden von der göttlichen Liebe, im göttlichen Licht, vor den Augen, in der Gegenwart Gottes wandeln. Er wollte es ganz praktisch, er wollte es im Alltag, in seinen Worten, Werken und Gedanken. In diese umfassende Bereitschaft zur Hingabe und zum Gehorsam lassen uns jene 30 Sätze hineinschauen, die man unter Engels' Papieren auf einem unscheinbaren Zettel gefunden hat und von denen niemand weiß, wann und bei welcher Gelegenheit sie entstanden sind:

HERR, HILF, JEDER NEUE TAG IST DEIN!

1. *Ich will mich nicht rechtfertigen.*
2. *Ich will mich weniger genieren, sondern mehr in der Einfalt stehen.*
3. *Ich will mehr schweigen, aber auch zur rechten Zeit reden, auch über meine Sünde.*
4. *Ich will mehr lieben.*
5. *Ich will gegen meine eigene Natur angehen.*
6. *Ich will so leben, als ob ich es mit Gott allein zu tun hätte.*
7. *Ich will mich in keinem Stück selber suchen, sondern nur die Ehre des Herrn; ich will nichts sein, ich will auf alle guten Tage verzichten.*
8. *Ich will mich mehr in der Geduld üben und im Leiden. Ach, was leide ich oft!*
9. *Ich will mein Vertrauen nicht wegwerfen.*
10. *Ich will alle hohen Gedanken von mir für ganz eitel halten. Ach, was bin ich! (Psalm 94, 11.)*
11. *Ich will mich lieber zu Tode hoffen als durch Unglauben verlorengehen.*
12. *Ich will jeden Tag, den ich noch lebe, als den letzten ansehen.*
13. *Ich will noch besonnener werden.*
14. *Ich will lernen, alles mit Jesu zu tun. Ach, was bin ich so weit zurück!*
15. *Ich will noch mehr in der Wahrheit stehen.*
16. *Ich will so leben, als ob ich der Letzte (Geringste) wäre.*
17. *Ich will hinfort nur urteilen, auch in politischen und kirchenpolitischen Fragen, wenn es nötig ist.*
18. *Ich will mich beim Reden und Ermahnen vor nervöser Aufregung hüten, aber mehr um Salbung bitten.*
19. *Ich will mich in bezug auf die irdischen Güter nur als Haushalter ansehen.*
20. *Ich will keinen Tag, wenn es geht, vorübergehen lassen, wo ich nicht jemand eine Freude mache.*
21. *Ich will mich noch besser darin üben, der Kleinste zu sein.*

22. *Ich will alles willkommen heißen, was mich heruntersetzt.*
23. *Ich will nichts aussprechen, was mich hebt, ebenso nichts, was einen anderen heruntersetzt, es sei denn durchaus nötig.*
24. *Ich will so gegen jedermann gesinnt sein, daß ich mich nicht vor ihm zu schämen brauche, wenn ich ihm in der Ewigkeit begegne.*
25. *Ich will nur noch zu meiner und anderer Erbauung lesen.*
26. *Ich will keinen Anspruch auf irgendeine Freundlichkeit und Gefälligkeit anderer machen, aber selbst gern andern dienen.*
27. *Ich will nicht recht behalten und darum nur dann eine Sache richtigstellen, wenn es durchaus nötig ist.*
28. *Ich will durch und durch lauter werden.*
29. *Ich will nur des Herrn Knecht sein.*
30. *Ich will nicht mehr sündigen.*

Man würde diese Sätze gründlich mißverstehen, wenn man in ihnen die Ausgeburt eines weltflüchtig-asketischen Geistes sähe. Man darf auch nicht an dem dreißigmal wiederholten „Ich will" herumkritisieren, als ob hier ein Mann der frommen Werkerei die eigene Willensuntüchtigkeit verkenne und aus der Botschaft der freien Gnade gefallen sei. Muß es noch einmal gesagt werden, daß Engels nur und völlig in dem Werk der Versöhnung, das der Heiland für alle vollbracht hat, glaubensgewiß sich barg? Nein, diese Selbstvermahnungen stammen von einem Mann, der als erretteter Sünder vor seinem Herrn steht und sich von diesem Herrn gefragt weiß: „Sag, du mein Jünger, willst du mir nun ganz aus Dank und Liebe zur Verfügung stehen? Willst du so werden, daß dein Leben mir zur Ehre gereicht?" Und da kommt es mit ganzer, heiliger Lauterkeit und Entschiedenheit aus dem Herzen und von den Lippen dieses Mannes: „Herr, ich will es, ich will es ganz. Ich kenne mein Herz, Herr. Es ist schwach und versuchlich. Aber du weißt, daß ich dich liebhabe und dir dienen will."

Engels konnte sich gar kein anderes Element denken, in dem ihm wohl war, als das Leben mit dem zielklaren Entschluß: Herr, ich will dir dienen, dir gehören. Er hatte sich der Gnade hingegeben, die vergibt und die erzieht und umgestaltet. Dabei blieb er sich immer bewußt: Ich bin noch nicht am Ziel. Es war der große Schmerz, der durch sein Leben ging, daß er noch nicht genug gereinigt, noch nicht völlig durchheiligt war. Daraus wuchs dann die immer heißer werdende Sehnsucht: Ich möchte so gerne vollkommen sein. Es gibt viele Äußerungen von Pastor Engels, die dieses große, starke Sehnen durchzieht:

„Ich möchte so gern rein und weiß sein. Aber der alte Mensch ist immer noch da. Das Fleisch gelüstet noch immer wider den Geist. Zuzeiten regen sich die Lüste und Neigungen des Fleisches besonders mächtig. Man meint dann fast, es wäre noch schlimmer als in den Zeiten, wo man den Herrn noch nicht kannte. Es muß dies wohl mit zu unserer Zubereitung gehören."

Ergreifend ist die heilige Ungeduld, mit der er einmal in einer Bibelstunde ausrief:

„Ach, wann werden wir von dem Geschmeiß der Sünde nicht mehr angegangen werden?"

Hätten wir in einer Welt, der die sittlichen Maßstäbe weithin verlorengegangen sind, hätten wir in einer Christenheit, in der man die Sünde, die Unredlichkeit, das ganze fleischliche Getriebe zu verharmlosen sich längst gewöhnt hat, hätten wir Menschen mit dem heiligen Unwillen gegen alles Gemeine und Unreine, Menschen, deren innerster Zug zur Heiligkeit Gottes geht, Menschen mit der großen Sehnsucht: „Ich möchte so gern vollkommen sein", – Menschen, wie Pastor Engels einer war!

Ein vorsichtiger, ein stiller, ein demütiger Mann

Den Gesamteindruck von Engels' geheiligter Persönlichkeit haben wir zu zeichnen versucht. Er könnte durch viele Einzelzüge verdeutlicht werden. Es sei noch auf einiges hingewiesen.

Wie vorsichtig war Engels, wie genau nahm er es in seinem Reden und Schweigen, in seinem Tun und Lassen! Und auch in seinen Gedanken! Er ermahnte oft sich selbst und die andern, doch auf die Gedankenwelt achtzuhaben:

„Nicht wahr, die Gedankenwelt ist auch eine kleine Welt. Wie ertappen wir uns manchmal auf allerlei sündigen Gedanken! Und wie sind die Gedanken so wichtig, da die Worte und Handlungen aus ihnen hervorgehen! Wenn wir den Herrn in alles hineinsehen lassen, dann müssen wir ihm auch den Einblick in unsere traurige Gedankenwelt gewähren. Er hat Mitleid mit uns und weiß, was für ein Gemächte wir sind, und weiß auch, wie schwer uns dies böse Getriebe unserer Gedankenwelt wird, und hat in seinem Blut auch Erlösungs- und Reinigungskräfte für diese innere Welt."

Engels wollte mit seinen Worten ständig in der Zucht Gottes stehen. Es kam vor, daß er nach Besprechungen mit seinem Kirchmeister über äußere Angelegenheiten der Gemeinde in dessen Wohnung erschien und irgendeine bedeutungslose Zahl oder eine geringfügige Sache richtigstellte. Der später so gesegnete „Pastor von Heidberg", Alfred Christlieb, der bei Engels Hilfsprediger gewesen ist, hat einmal folgendes erlebt. Bei der Besprechung des Tagesprogramms begründet Pastor Engels irgendeine unwichtige Entscheidung so: „Die Luise, die alte, treue Haushälterin, hat es so am liebsten." Und dann klopft es am frühen Morgen an Christliebs Tür. Der alte Pastor Engels tritt ein und sagt: „Bruder, ich bin nicht ganz lauter gewesen. Es war nicht nur die Luise, die es so wollte, ich wollte es vor allen Dingen selber so." Solche Gewissenhaftigkeit des alten Mannes hat sich dem jungen Hilfsprediger tief eingeprägt.

Wenn jemand in Engels' Nähe beim Erzählen übertrieb, dann mußte er sich auf die Frage gefaßt machen: „Ist das auch wirklich so?" Die verallgemeinernden und unbedachten Redensarten: „Davon spricht schon das ganze Dorf" oder: „Das weiß ja alle Welt" ließ er nicht einfach durchgehen, sondern sagte ermahnend: „Wir Christenleute wollen es doch mit unsern Worten genau nehmen. Alle Welt weiß es nicht, und das ganze Dorf spricht auch nicht davon; denn es ist ja nur einzelnen Leuten bekannt, und ich habe auch nicht darüber gesprochen." Dann schämte man sich.

Ängstlich hütete Engels sich, über andere zu urteilen. Bei der Kritik an Abwesenden beteiligte er sich nie. Er war auch zurückhaltend, wenn jemand überschwenglich gelobt wurde.

Als einmal in seiner Gegenwart ein Prediger wegen seiner großen Gaben mächtig gerühmt wurde, hörte er zunächst still zu und warf dann fragend dazwischen: „Ist er auch demütig?" Damit war das Gespräch zu Ende.

Pastor Engels ist ein Mann der Stille gewesen und immer mehr geworden. Im verborgenen Umgang mit Gott war er zu Hause. Gott nahe sein, das war sein Element. Darin war er dem stillen Mülheimer Gottesmann Tersteegen so verwandt. Er hat ihn und die Verslein seines „Geistlichen Blumengärtleins" sehr geliebt. Immer wieder erschienen Worte Tersteegens in seinen Predigten und Ansprachen. Verse wie diese waren so recht nach seinem Sinn:

„Immer stiller, immer stiller,
laß, o stilles Lamm, mich sein,

still im Leiden, still in Freuden,
immer in die Still' hinein!

Wenig Wort' und viele Kraft
und ein stilles, sanftes Wesen,
mehr im Wandel als im Wort,
sei zu meinem Schmuck erlesen."

Viele laute und unruhige Menschen haben in Engels' Nähe gespürt, welche Macht von einem stillen Ewigkeitsmenschen ausgeht. Viele verworrene Verhältnisse sind durch diesen Mann geordnet, viele beschwerte und unruhig wogende Herzen besänftigt worden. Den Hauptgrund dafür, daß die Dinge in uns, um uns, durch uns so oft aus den Fugen geraten, sah Engels in dem wild wuchernden Eigenwillen. Es war seine Überzeugung und Erfahrung: Wo der Eigenwille gebrochen wird und der Mensch sich in den Willen Gottes fügt und beugt, da kehrt die heilige Stille und Gelassenheit ein, da kommt der Kampf zur Ruhe, da ordnet sich mannigfache Wirrnis, da kommt man auch mit schwierigen Menschen zurecht.

Engels konnte sagen: „Am Schweigen erkennt man den Christen." Vor allem da verstummte er, wo disputiert und gestritten wurde. Er hatte gewiß seine Meinung, er hielt damit auch nicht hinter dem Berge. Aber er stritt nicht. Und das letzte Wort mußte er nicht haben. In einer Gesellschaft junger Theologen erhitzten sich die Gemüter an einer theologischen Frage. Engels schwieg, stand auf und ging hinaus. Nach einiger Zeit kam er wieder und sagte freundlich: „Aber nicht wahr, in der Hauptsache sind wir doch alle einig?"

Ein Lied, das Engels liebte, soll es uns sagen, wie sehr er sich all den Wanderern Gottes zugehörig fühlte, die durch eine Welt voll Wirrnis und Unruhe nach Hause gehen:

„Das Volk des Herrn zieht still nach Kanaan.

Auf seine Stirne hat in heißem Lieben
der Heiland seinen Namen licht geschrieben,
so ist's mit hoher Würde angetan.

Und dieser Name ist sein höchstes Gut.
Ihm gilt sein Wallfahrtslied, sein Dank und Loben.
Er hilft hindurch in allen Leidensproben,
und fest das Herz der Pilger in ihm ruht.

Der Name, der den Himmel aufgetan,
er wird bestehn in alle Ewigkeiten,
er wird die Seinen sicher heimwärts leiten –
das Volk des Herrn zieht still nach Kanaan."

Daß im Wesensbild von Pastor Engels die Demut ihren lieblichen Platz hatte, haben wir schon mehrfach gesehen. Engels hielt gering von sich, weil er ein tiefes Wissen um die Sündhaftigkeit des eigenen Herzens hatte. Das beugte ihn in den Staub. Das Wort „Beugung" – wie gern hat er's gebraucht! Als er einmal in der Nacht geträumt hatte, er wäre Kultusminister geworden, erschien er am Morgen ganz traurig vor den Hausgenossen: Wie hochmütig müsse er doch noch sein, wenn er solches Zeug träume! Er wollte nicht, daß man von einem Menschen, der in sich so nichtswürdig sei, viel Aufhebens mache. Aus diesem Grunde hat er sich auch nie photographieren lassen. Das einzige Bild aus seinen späteren Jahren, das wir besitzen, ist ohne sein Wissen gemacht worden. Es ist in dieses Büchlein aufgenommen. Wenn man es sieht, meint man, daß die innere Stellung der Beugung vor Gott sich der ganzen Gestalt mitgeteilt hätte.

Engels konnte neidlos zurücktreten. In seinem Alter ließ er gerne die jungen Kandidaten und Hilfsprediger reden und fügte seinerseits nur noch ein kürzeres oder längeres Wort hinzu. Er freute sich, wenn die Jungen ein frisches Wort hatten. Er schlug einmal dem Presbyterium vor, doch den Hilfsprediger, der gerade zum Pastor in R. gewählt worden war, an seiner Stelle zum Pastor in Nümbrecht zu machen, er wollte ihm dann als Hilfsprediger zur Seite stehen. Es war ihm ernst damit, was er so oft im Liedvers sagte:

„Will gar nichts mehr sein, nichts gelten,
auf Jesum nur wart' ich still,
wie er mich, den armen Scherben,
noch irgend gebrauchen will."

So wie Engels in der Vorsicht, in der Stille, in der Demut vor Gott wandelte, so könnten wir zur Vervollständigung seines Wesensbildes, seines Wandels in der Gegenwart Gottes, nun noch von seiner Sanftmut, seiner Freundlichkeit, seiner Liebe zu den Gläubigen und zu allen Menschen reden. Und dann wäre immer noch nicht alles ausgeschöpft, was diesen Mann in seinem Wandel so anziehend machte. Alles aber faßt sich bei ihm in dem einen zusammen, in dem Größten, was von einem Menschen, der in der Schwachheit des Fleisches durchs Erdenland geht, gesagt werden kann: Engels war durchscheinend für Jesus. Funcke soll es uns bestätigen: „Ich habe keinen Menschen gekannt, in dem Jesus so sichtlich eine Gestalt gewonnen, – nie einen Menschen, aus dem heraus Jesus mich so angeatmet hätte."

Der Pilger aus der Ferne

Über dem ganzen Leben von Jakob Gerhard Engels hat das Wort „Ewigkeit“ geleuchtet. Gebetsmenschen wie er sind immer Ewigkeitsmenschen. Engels' Auge ist nicht vorbeigeglitten an all dem Schönen, das Gott in dieser Welt ausgebreitet hat. Wie konnte er sich freuen an den Höhen und Wäldern und Tälern des schönen Oberbergischen Landes! Wie tauchte sich sein dankbares und anbetendes Herz in den Frieden des Abends, in den Sternenschimmer der Nacht, wenn er von seinen Gängen und Bibelstunden den Schritt heimwärts lenkte! Ein Blumenstrauß erregte sein helles Entzücken, und der erste Kuckucksruf im Frühling war ihm wichtig genug, daß er ihn im Amtskalender vermerkte.

Aber niemals hätte er ein Naturschwärmer werden können. Dazu litt sein zartes Gemüt zu sehr unter dem Riß, der durch die Schöpfung geht. Es konnte ihn schon wehmütig stimmen, wenn ein Vogel vor ihm erschreckt davonflog. Und Trauer umspannte sein Gemüt, wenn er im Herbst dem Welken und Fallen der Blätter zusah. Ein Vers wie dieser:

„Der Harfenton verklinget
im stillen Windeswehn,
der Tag, den er besinget,
muß heute schon vergehn“,

sprach ihn tief an. Der Eindruck der Vergänglichkeit aller Kreatur war seiner Seele oft drückende Last. Er neigte von Natur zu einer gewissen Schwermut, und diese wurde gesteigert durch die körperlichen Leiden, durch all die Schlaflosigkeit, all die rasenden Kopfschmerzen, die ihn je länger je mehr peinigten. Aber er erlag dieser Wehmut darum nicht, weil er ja ein Eigentum des Herrn Jesus Christus war. Dieser Herr steht über aller Vergänglichkeit und hebt seine Leute auch ewig darüber hinaus.

Es gibt eine Rede von dem Tod als „Freund“. Diese hätte Pastor Engels kaum geteilt. Für ihn war der Tod etwas Schreckliches, etwas, das den innersten Plänen Gottes mit der Welt radikal entgegensteht. Sünde und Tod waren für seinen nach der wahren Ordnung Gottes sich sehnenden Geist qualvolle Unnatur. Der Anblick von Toten konnte ihn schmerzhaft erschüttern. Als sein Neffe Adolf Engels, der in der Nachbargemeinde Marienberghausen Pastor geworden war, ein feuriger Zeuge Jesu, aus voller jugendlicher Schaffenskraft durch den Tod weggerissen wurde, da war das wie ein Axthieb, unter dem der ganze Baum seines Lebens bebte. Er konnte an der Beerdigung nicht teilnehmen.

Engels klammerte sich bei solch wehen Erschütterungen daran, daß es eine Ostertatsache gibt. Es sind ihm Anfechtungen nicht erspart geblieben, der Feind wollte ihm das Osterlicht trübe machen und auslöschen. Aber der Auferstandene hat seinen Knecht hindurchgetragen.

Gern weilte sein Geist bei der himmlischen Gemeinde, bei denen, die durch des Todes Tal gegangen sind und nun, dem Tode entrissen, bei ihrem Herrn leben. Bei häuslichen Feiern und anderen Gelegenheiten erinnerte er gern an heimgegangene Familien- und Gemeindeglieder. Es war bewegend, wenn er am Schluß des Nümbrechter Missionsfestes seinen Gruß zur oberen Schar hinaufsandte:

„Wir wollen heute auch der Missionsfreunde gedenken, die früher mit uns gearbeitet, mit uns gekämpft, mit uns den Heiland geliebt haben, und ihre Stätte ist leer. Seid gegrüßt, ihr Seligen, da droben vor dem Throne Gottes und des Lammes in der stillen, süßen Ewigkeit! O seid gegrüßt, ihr lieben Seelen alle!“

Größer und größer wurde Engels’ eigenes Sehnen

nach dieser Ewigkeit. Je mehr ihm liebe, vertraute Freunde und Mitstreiter im Heere Jesu vorangingen, um so mehr stimmte auch er die Heimatlieder an.

Er, der Pilger auf dem Heimweg, konnte die andern, die Mitpilger, an den Gräbern mahnen:

„Ach, wir Menschen sind so fest an die Erde gebunden, sind mit so viel Banden an dies Leben gekettet! Da wollen wir die Mahnung zu Herzen nehmen: Löse beizeiten die Taue deines Lebensschiffleins ein wenig, damit die Abfahrt nicht mit zu heftigen Erschütterungen geschehe!"

Daß die Gläubigen durch mancherlei Trübsale ins Reich Gottes eingehen müssen, hat Engels an seinem eigenen Leib reichlich erfahren. Ach, diese schlaflosen Nächte, die ihm sein Kopfleiden bereitete! Aber nicht die körperlichen Schmerzen waren für ihn das Schlimmste, sondern dies, daß die Krankheit auch an seine Seele drang und daß sich trübe Schatten über sein Gemüt legten. Das waren Mißklänge, die ihm viel Not machten. Er war doch ein Mann der Harmonie, und nun schwirrten wirre Träume durch seine Nächte, nun setzten ihm die empfindsamen Nerven zu. In dem allen spürte er die Anfechtung durch die dunkle Macht der Finsternis, den Satansengel, der ihn mit Fäusten schlug. Nicht um Wegnahme der Leiden bat er, sondern um das stille und geduldige Herz, das tragen und warten und das Leiden nicht nur als etwas Passives, sondern als heiliges Geschäft und Gottesdienst ansehen konnte.

Wie konnte er aus seinen Leiden heraus den Weg der Mitleidenden herzlich umfassen! Es war eine große Leidensgemeinschaft, in der er mit vielen Brüdern und Schwestern stand, in der man sich grüßte und aufmunterte, doch auf dem Wege bis zum Ziel auszuharren. Einer kranken Tante schrieb Engels:

„... Du wartest nun still auf des Leibes Erlösung. Ach, der Herr sei Dir in dieser Wartezeit recht nahe mit seinem

Frieden, helfe Dir Dein schweres Leiden tragen und gebe Dir einen hellen Blick in die selige Ruhe des Volkes Gottes, nach der Du Dich ausstreckst! Ach, wie wohl wird es dem müden Pilger tun, wenn er nach Hause kommt! Nicht wahr, liebe Tante, Du gedenkst in Deiner stillen Stube auch meiner, daß der Herr mir hilft, den guten Kampf zu kämpfen, und daß er mir Kraft und Treue gibt, solange er mich in seinem Dienst gebrauchen will. Mein schwacher Kopf erschwert mir die Arbeit oft sehr. Ich bin in einer Schule, in der der Herr mich gründlich klein machen will. Möchte es ihm bei mir gelingen!"

So zog der Pilger seine Straße. Er, der in der Ewigkeit bei seinem Herrn zu Hause sein wollte, hielt sich schon hienieden ganz nahe bei Jesus auf. Er wollte alles aus seiner Hand nehmen und alle Wege als Stufen zum Ziele ansehen und bejahen:

„Es gibt Wege Gottes mit uns, die uns unser Leben lang unverständlich bleiben. Wir müssen vielleicht immer von ihnen urteilen, daß sie uns nicht förderlich waren, keine Segenswege, keine Herrlichkeitswege, sondern Umwege. Aber wenn uns diese Gedanken anfechten, dann wollen wir uns damit trösten: Es waltet ein ewiger Friedensrat über unserm Leben. Ehe unsere Augen den Herrn erkannt hatten, da hatte er schon das Ziel unseres Lebens festgelegt. Weil er meine Verherrlichung in der Ewigkeit gewollt hat, darum müssen alle Wege, die er mich führt, Herrlichkeitswege sein. Sie bringen uns alle unserm Ziel näher."

In den letzten Jahren seines Lebens kam es immer öfter vor, daß Engels auf Festen und bei andern Gelegenheiten betonte, er und etliche andere seien dieses Mal vielleicht zum letzten Mal dabei. Und schließlich kam wirklich das letzte Mal, daß er in der Nümbrechter Kirche die Kanzel bestieg. Es war am Neujahrstag 1897. Da rief er sich und der Gemeinde als Losung für das neue

Jahr zu: „Der Name des Herrn ist ein festes Schloß. Der Gerechte läuft dahin und wird beschirmt."

Am 28. Januar empfing der Neffe Ernst Buddeberg, der später auch ein gesegneter Bote des Evangeliums geworden ist und eine Reihe von Jahren Direktor der Liebenzeller Mission war, eine feine, bezeichnende Karte von seinem Onkel:

„Gestern abend hatten wir eine schöne, gesegnete Feier im Waisenhaussaal. – Leider wird mein Kopf immer schwächer. Kennst Du den Friedrich Hein, den ich als Nachtgefährten erwarte? Ich kann nicht mehr gut allein sein. Ach, der Herr helfe mir! – Und nun, mein lieber Ernst, denke an Deinen alten, leidenden Onkel und an alle Leidenden, deren so viele sind! Ach, wenn ich doch seine ganze Freude würde! Ich gefalle mir nicht."

Die letzte Eintragung im Amtskalender stammt vom 14. und 15. Februar 1897: „Pastor Mockert predigte. Besuche im Dorf und Spaziergang. Abends Gebetsversammlung im Saale. 15. Februar, Montags Ordnen..." Wie bezeichnend dieses letzte geschriebene Wort: Ordnen!

Am Dienstag, dem 16. Februar, kam Engels traurig herunter und sagte zu seiner Haushälterin:

„Ach, daß ich gesündigt habe! Ich wollte doch nicht sündigen."

Was war geschehen, daß der treue Mann sich noch am Morgen des Tages, der sein letzter auf dieser Erde sein sollte, vor seiner Haushälterin so demütigte? Durch eine Nervenreizung hatten die Saiten seiner Seele sich verstimmt. Und das schmerzte ihn nun so tief.

Am Nachmittag ging er noch in eine Presbyteriumssitzung. Wie sehr dieser der Ewigkeit zugekehrte Mann bis zuletzt an den die Gemeindeglieder bewegenden Fragen teilnahm, zeigt sich darin, daß er beim anschließenden

Kaffee sich von den Presbytern noch über das Für und Wider der geplanten Molkereigenossenschaft ins Bild setzen ließ.

Um 6 Uhr begann die „Besprechstunde“ im Waisenhaus. Sie war Engels' letzter Dienst am Wort. Der brüderlichen Besprechung lag Frage 34 des Heidelberger Katechismus zugrunde: „Warum nennst du ihn unsern Herrn? Daß er uns mit Leib und Seele von der Sünde und aus aller Gewalt des Teufels nicht mit Gold oder Silber, sondern mit seinem teuren Blute sich zum Eigentum erlöset und erkaufet hat.“ Es wurde gesungen, die Brüder boten ihre Gedanken zum Thema dar, und einige Male ergriff auch Pastor Engels das Wort. Als er den Vers vorsagte: „Ich bin dein, sprich du darauf dein Amen“, da prägte er es – buchstäblich mit letzter Lebenskraft – den Leuten noch einmal ein, was das heißt, wenn wirklich der Jesusname im Herzen brennt:

„Ja, drücke deinen süßen Jesusnamen brennend, ja brennend, ja, drücke ihn brennend in mein Herz hinein! Der Name Jesus muß brennen in unsern Herzen. Wenn es brennt, dann fühlt man es. Wenn der Name Jesus in unsern Herzen brennt, dann liegt es uns an, daß nicht das geringste auf den Namen Jesu fällt durch unsern Wandel oder durch unsere Worte.“

Dann hat Engels noch einmal das Blut Jesu Christi gerühmt und auch von sich bezeugt, daß es ihn rein gemacht habe von aller Sünde. Und dann hat er noch einmal die Hände segnend auf seine Gemeinde gehoben:

„Wir sagen mit Jakob: Herr, wir lassen dich nicht, du segnest uns denn. Herr, ich lasse dich nicht, du segnest mich denn, aber nicht mich allein, sondern auch meine Brüder und Schwestern, du segnest denn uns alle. Amen.“

Hinterher konnte er nicht mehr vom Studierzimmer,

in das er sich zurückgezogen hatte, zum Abendessen herunterkommen. „O, mein Kopf, mein Kopf“, sagte er wiederholt zu denen, die mit letzten Liebesdiensten sich um ihn mühten. Sein Pfleger rief ihm noch zu: „Nicht wahr, Herr Pastor, der Herr Jesus ist auch jetzt bei uns?“ Engels wiederholte: „Ja, du hast recht, er ist auch jetzt bei uns.“ Kurz darauf sagte sein Hilfsprediger zu ihm: „Wir sind in Jesu Hand, lieber Herr Pastor.“ Da konnte er nur noch die Worte „Ja, in Jesu“ nachsprechen. Als der Arzt um 1/2 9 Uhr eintrat, war das Bewußtsein schon geschwunden. Ein Gehirnschlag war eingetreten. Der Pilger schlummerte ohne Kampf hinüber. Wie träumend führte ihn sein Herr durch des Todes Tor in die süße, stille Ewigkeit. Nun trat er auch ein in die Reihen der oberen Schar, die er vom Pilgerweg so oft sehnend gegrüßt hatte.

In seinem Testament hießen die letzten Worte:

„Herzlich danke ich für alle Liebe, die mir so reichlich zuteil geworden ist. Mein einziger Trost ist die Gnade Gottes in Jesu Christo.“

„Hätten wir nur mehr solcher Pietisten!“

Wir haben das Leben des Gottesmannes Jakob Gerhard Engels an uns vorüberziehen lassen. Das Größte, was von diesem stillen Landpfarrer zu sagen ist, lautet so: Er ist ein ganzer Jünger Jesu gewesen. Keiner, der die Zahl der Namenchristen um ein trauriges Exemplar vermehrt hat. Sondern einer, der ganz seinem Herrn gehörte und diente; einer, in dem Jesus Gestalt gewonnen hatte, aus dem Jesus leuchtete; einer, in dessen Nähe bei manchem der Wunsch aufstieg: So möchtest du auch sein!

Dieser Mann hat sich zu den „Pietisten“ gezählt. Die Weltleute nannten ihn wohl einen „einseitigen Pietisten“. Aber Respekt hatten sie eigentlich alle vor ihm. Da hat einmal einer gründlich über die Pastoren geschimpft und ihnen nachgesagt: „Sie treiben ihr Handwerk ja nur ums Geld.“ Aber dann hat er hinzugefügt: „Mit Ausnahme von Pastor Engels aus Nümbrecht!“

Die ganze Hingabe an Jesus, das Ernstmachen mit der biblischen Botschaft, daß die Gnade nicht nur die Schuld zudeckt, sondern auch das Leben erneuert in der Kraft und zur Ehre des Herrn Jesus – das ist das Herzstück der Botschaft, die Gott der Christenheit durch die geistliche Bewegung des Pietismus zugerufen hat. Diese Wahrheit in ihrer herrlichen Macht hat sich im Wesensbild und Lebensgang von Pastor Engels besonders rein und anziehend dargestellt.

Darum kann sein Freund Otto Funcke von ihm sagen: „Hunderte, die nicht zu den Pietisten gehörten und auch nicht gehören wollten, standen vor dem pietistischen Engels stille, nahmen den Hut ab und sagten: Ja, wenn die Pietisten alle so wären, dann wäre der Welt geholfen. Allen Respekt vor diesem Manne!“

Und Prof. Lang schreibt in der „Reformierten Kirchenzeitung“: „Man hört heute in theologischen Kreisen öfter geringschätzige Urteile über die pietistische Frömmigkeit. Gewiß gibt es einen Pietismus, dessen Salz dumm geworden ist. Aber wenn man einen Mann wie Jakob Engels gekannt hat oder sich ihn nur durch ein Buch wie das vorliegende (gemeint ist die Biographie, die der Neffe Ernst Buddeberg über seinen Onkel geschrieben hat) schildern läßt, so kann man unter dem Eindruck der Wahrhaftigkeit, des Ernstes und der Tiefe seiner christlichen Persönlichkeit nur ausrufen: Hätten wir nur mehr solcher Pictisten, wie Engels einer war!"

Heute ist hin und her in der Kirche die Frage wach: „Wie bekommen wir lebendige Gemeinde?" Was man dazu auch immer an Hoffnungen und Anregungen und Vorschlägen zusammentragen mag – mitten ins Herzstück dieser Frage führt, was Prof. Lang in einem weiteren Artikel in der „Reformierten Kirchenzeitung" – wieder im Blick auf die geistliche Macht, die von Engels ausging – sagt: „Was haben wir heute von einer Gestalt wie Jakob Engels zu lernen? Da ist das erste und Wichtigste die Erkenntnis, daß der rechte Aufbau der Gemeinde durch das Leben aus Gott nur von einem wahren Jünger Jesu ausgehen kann, der für sich selbst durch beständige Buße und immer mehr vertiefte Sündenerkenntnis in die Gemeinschaft seines Herrn fort und fort näher einzudringen strebt... Ein jeder soll aufs neue lernen, daß der Dienst an der eigenen Seele vor allem andern Dienen steht."

Vollmacht durch geistesmächtige Predigt, Vollmacht durch geheiligtes Leben, Vollmacht durch Seelsorge – brauchen wir Dringlicheres als dies? Ja, man kann nur beten um „Pietisten", wie Engels einer war, um Leute auf den Kanzeln und in den Gemeinden, die mit Tersteegen und Engels die heilige Sorge teilen:

> „In Wort und Werk und allem Wesen
> sei Jesus und sonst nichts zu lesen."

Noch einige Zeugnisse und Aussprüche von Pastor Engels

Wesen und Werk des Heiligen Geistes

Das Leben von Pastor Engels ist ein Leben in der Kraft und Zucht des Heiligen Geistes gewesen. Dieser Mann hat nicht Theorien über den Geist Gottes aufgestellt, er hat uns vorgelebt, wie das ist, wenn der Geist Gottes einen Menschen beherrscht und prägt.

Heute ist in der Gemeinde Jesu viel Fragen und Sehnen nach dem Heiligen Geist. Man beklagt sein Fehlen, man begehrt seine Fülle. Wie leicht mischt sich Ungesundes und Unbiblisches in gutes und berechtigtes Verlangen!

Zeugnisse über den Heiligen Geist sprechen in die entscheidende Not der Christenheit hinein. Wir wollen solche Zeugnisse aus dem Munde von Pastor Engels hören. Bei ihm haben wir die Gewißheit, daß er uns ein gutes Wort über den Geist sagt, über das, was er ist und vermag, und wie wir unter seinen Einfluß kommen.

Die Zeugnisse sind aus Predigten und Bibelstunden zusammengestellt.

1. „Gott hat uns nicht gegeben den Geist der Furcht, sondern der Kraft, der Liebe und der Zucht."

Gott hat uns nicht gegeben den Geist der Furcht. *Der Heilige Geist ist nicht ein Geist der Furcht* oder – wie es eigentlich heißt – der Furchtsamkeit; wohl ein Geist heiliger Furcht, heiliger Scheu und Ehrerbietung vor Gott. Wir wissen, schreibt derselbe Apostel, daß Gott zu fürchten ist. Und der Apostel Petrus schreibt: „Sintemal ihr den zum Vater anrufet, der ohne Ansehen der Person richtet nach eines jeglichen Werk, so führet euren Wandel, solange ihr hier wallet, mit Furcht", mit heiliger Furcht und Ehrerbietung vor Gottes Angesicht!

Aber der Heilige Geist ist nicht ein Geist der Furchtsamkeit oder der Verzagtheit. „Ihr habt nicht einen knechtischen Geist empfangen, daß ihr euch abermals fürchten müßtet, sondern ihr habt einen kindlichen Geist empfangen, durch welchen wir rufen: Abba, lieber Vater!"

O seht Petrus an am Tage der Pfingsten! Da steht er vor Tausenden seines Volkes. Nicht wahr? Da ist nicht der Geist der Furchtsamkeit. Oder seht ihn an, wie er mit Johannes vor dem Hohen Rat steht wegen der Predigt des Evangeliums und der Heilung des Lahmen und wie er da das freimütige Bekenntnis ablegt: „So sei nun euch und allem Volk kundgetan, daß in dem Namen Jesu Christi von Nazareth, welchen ihr gekreuzigt habt, den Gott von den Toten auferweckt hat, stehet dieser allhier vor euch gesund!" Da ist kein Geist der Furchtsamkeit. Seht Stephanus an, den ersten Blutzeugen, wie er ebenfalls vor dem Hohen Rat steht. Da ist nichts von Furchtsamkeit. Soll ich noch an Luther erinnern, wie er vor dem Reichstag zu Worms vor Kaiser und Reich steht und wie sein Zeugnis endet mit den Worten: „Hier stehe ich, ich kann nicht anders, Gott helfe mir!" Nicht wahr? Da ist nicht der Geist der Furchtsamkeit, sondern heiliger Furchtlosigkeit. –

Ja, Gott hat uns nicht den Geist der Furchtsamkeit gegeben; wenn ja auch öfter die Furchtlosigkeit sich wieder durchkämpfen, durcharbeiten muß durch die Schwachheit und Blödigkeit des Fleisches. Aber dieser Geist arbeitet und kämpft sich auch durch. Es gibt freilich manche, die haben so ganz besonders mit einem ängstlichen, schüchternen Temperament zu tun, sind so leicht geschlagen und verzagt. Aber seht, um so nötiger habt ihr den Heiligen Geist, der die Furcht austreibt. Hier bin ich, hier ist mein Herz, für dich, für den Heiligen Geist, der da nicht ist ein Geist der Furchtsamkeit! O denket daran, ihr Brüder und Schwestern, wenn irgendwie die Furchtsamkeit und Ängstlichkeit kommen

– was es auch für Furchtsamkeit und Ängstlichkeit sein mag –, denkt daran, daß der Heilige Geist nicht ein solcher Geist ist! Die Lehre ergibt sich dann ganz von selbst.

Der Heilige Geist ist ein Geist der Kraft. Jesus hat den Seinen verheißen: „Ihr werdet die Kraft des Heiligen Geistes empfangen und werdet meine Zeugen sein." Wir haben dann Kraft, zu glauben an den Herrn Jesum mit lebendigem Glauben. Wir können uns dann halten an den, den wir nicht sehen, als ob wir ihn sähen. O das will etwas heißen, an den Herrn Jesum zu glauben, den wir nicht sehen. Niemand kann Jesum einen Herrn, seinen Herrn heißen ohne durch den Heiligen Geist. Wir haben dann auch Kraft zur Gottseligkeit und zur Nachfolge Jesu. Die Gebote Gottes sind uns dann nicht schwer. Wir haben dann auch Kraft zum Gebet. „Der Heilige Geist hilft unserer Schwachheit auf; denn wir wissen nicht, was wir beten sollen, wie sich's gebührt, aber der Geist selbst vertritt uns aufs beste mit unaussprechlichem Seufzen." Wir haben dann auch Kraft zur Geduld, die sich in allen Proben beweist und bewährt. Wir haben Kraft zum Bekennen des Namens Jesu ohne Ansehen der Person, so daß wir auch um Jesu willen Schande und Leiden ertragen und überwinden können. Wir haben dann Kraft zu hoffen auf das unvergängliche und unbefleckte und unverwelkliche Erbe mit lebendiger Hoffnung. Ja, der Heilige Geist ist ein Geist der Kraft.

O seht Petrus am Tag der Pfingsten! Wie ist sein Zeugnis so einfach, ohne Schmuck der Worte! Aber er hat den Geist der Kraft, und darum wirkt's, und es geht Tausenden durchs Herz. Seht den Apostel Paulus! Er schreibt an die Korinther: „Ich, da ich zu euch kam, kam nicht mit hohen Worten oder hoher Weisheit, euch zu verkündigen die göttliche Predigt. Denn ich hielt mich nicht dafür, daß ich etwas wüßte unter euch ohne allein Jesum Christum, den Gekreuzigten. Und ich war bei euch mit Schwachheit und mit Furcht und mit großem

Zittern, und mein Wort und meine Predigt war nicht in vernünftigen Reden menschlicher Weisheit, sondern in Beweisung des Geistes und der Kraft, auf daß euer Glaube bestehe nicht auf Menschenweisheit, sondern auf Gottes Kraft“ (1. Kor. 2, 1–5).

O denkt daran, ihr Brüder und ihr alle, die ihr Pfingstsegen begehrt: Der Heilige Geist ist ein Geist der Kraft! So hat es der Herr Jesus den Seinen verheißen: „Ihr werdet die Kraft des Heiligen Geistes empfangen und werdet meine Zeugen sein.“ Nur dann wird es wahr: Wie dein Tag, so deine Kraft! O wie tut uns dieser Geist der Kraft so not! Hier bin ich, Herr, hier ist mein Herz!

Der Heilige Geist ist ein Geist der Liebe. Durch den Heiligen Geist ist die Liebe ausgegossen in unsere Herzen. Diese Liebe erweist sich nach allen Seiten, als Liebe zu Gott, zu dem Heiland, als Liebe zu den Brüdern und zu allen Menschen. Im Zusammenhang unserer Stelle hat der Apostel ganz besonders die Liebe zu den Brüdern und zu allen Menschen im Auge. Habe ich den Geist der Kraft, dann gebrauche ich diese Kraft, die mir geschenkt ist, nicht zu selbstsüchtigen Zwecken, nicht um Ehre für mich zu erlangen. Nein, ich stelle die Kraft in den Dienst der Liebe, ich verwende sie zum Heil der Seelen, zum Aufbau des Guten, des Reiches Gottes, was freilich nicht geschehen kann ohne Abbruch des Bösen.

Seht Petrus und die anderen Apostel einmal recht an, wenn ihr den Geist der Liebe verstehen wollt, der sich in den Dienst der Liebe stellt! Wie hätte es so nahe gelegen, nachdem die Jünger Jesu so lange verschmäht und verachtet gewesen waren, jetzt, nachdem der Herr sich zu ihnen bekannt und sie so herrlich ausgerüstet hatte – denkt nur an das Sprachwunder! –, wie hätte es so nahe gelegen, doch einen gewissen Glanz auf sich selber fallen zu lassen! So hätte es auch der Geist der Welt sicher getan. Der spiegelt sich gern in allem Großen, was er erlangt hat oder erlangt zu haben meint. Aber hier ist es ganz anders. Petrus und die Apostel haben nur das Heil der Seelen im Auge. Sie reden so einfach, einfältig, verständlich, lassen sich nicht erbittern durch den Spott der Leute: „Sie sind voll süßen Weines." Sie halten an am Ermahnen, nötigen die Seelen, ins Haus des Herrn hereinzukommen. Petrus, der sich früher so gern überhob, ist nun ganz anders geworden, und auch die anderen Apostel.

Ja, der Heilige Geist, der da ist ein Geist der Kraft, ist auch ein Geist der Liebe. Und dadurch, daß die Liebe sich mitteilt, sich in der Kraft und Wahrheit beweist, fließt sie immer noch durch den Heiligen Geist aus dem Herzen unseres Gottes und Heilandes und wird stärker und vermehrt sich, so daß es einem nicht mehr schwer wird, das Böse mit Gutem zu überwinden und als ein Kind des Segens durch diese Welt zu gehen. O du Geist der Liebe, gelobt sei Gott, daß du da bist! Hier bin ich, hier ist mein Herz!

Der Heilige Geist ist auch ein Geist der Zucht, ein Geist der Besonnenheit, der Selbstbeherrschung; wie es auch an einer anderen Stelle heißt: „Die Geister der Propheten sind den Propheten untertan." Wer den Heiligen Geist hat, der lebt im Wort Gottes, und das Wort Gottes ist ihm durch den Heiligen Geist lebendig, und durch das Wort Gottes sind ihm Schranken gezogen, innerhalb deren er wandelt. Da kann man sich nicht übermäßiger Freude oder übermäßiger Traurigkeit hingeben. Man kann nicht in verkehrte Worte ausbrechen. Nein, wer den Heiligen Geist hat, der wandelt in den Schranken des Wortes Gottes, er steht in heiliger Zucht, er ist besonnen und vorsichtig, er beherrscht sich selbst. Ja, wer den Heiligen Geist hat, bei dem kommt zu der Kraft und der Liebe die Zucht.

Die Zucht ist die Hüterin der Kraft und der Liebe. Die Zucht bewahrt die Kraft vor blinden, verkehrten Ausbrüchen und Ausfällen, und die Zucht bewahrt die Liebe vor blinder Gefälligkeit, vor Menschengefälligkeit und ruft es einem tief ins Herz hinein: „Wenn ich wollte den Menschen gefällig sein – nämlich in verkehrter Weise –, dann wäre ich Christi Knecht nicht mehr."

Seht Petrus an und die anderen Apostel am Tage der Pfingsten! Da ist unter den Zeichen des Feuers und des Windes der Heilige Geist ausgegossen. Sie sind voll des Heiligen Geistes, sie reden mit anderen Zungen. Denkt euch einmal hinein: was ist das eine Weihestunde, eine Stunde, wo wie in kaum einer anderen die ewige Welt in der Menschen Herzen und Leben eintritt! Aber der Heilige Geist ist ein Geist der Zucht. Wir sehen da nichts von Schwärmerischem, Überspanntem. Wie tritt uns neben der heiligen Freude, neben der Kraft und der Liebe die Zucht, die Besonnenheit, die Selbstbeherrschung entgegen, die in allen Dingen Maß zu halten weiß! Oder seht den Apostel Paulus an, seht den Feuereifer seines Geistes, seht bei ihm den Geist der Kraft und der Liebe, aber auch der Zucht, der an allen Orten und zu jeder Zeit das Rechte tut, das Rechte redet und das Wort der Wahrheit recht teilt! O wie haben wir diesen Geist der Zucht so nötig, besonders auch in unseren Tagen, wo auf dem geistlichen Gebiet so mancherlei Erscheinungen vorkommen! Hier bin ich, hier ist mein Herz!

Gott hat uns nicht gegeben den Geist der Furcht, sondern der Kraft und der Liebe und der Zucht. O es ist etwas Großes, ich möchte anbeten! – Wo es nun richtig mit jemand steht, wo das geistliche Leben in Ordnung ist, da ist das Dreifache vereinigt: Kraft, Liebe, Zucht. Die Kraft macht uns männlich und stark, die Liebe macht uns zart und sorgfältig, und die Zucht macht uns demütig, bescheiden und vorsichtig.

O seid gegrüßt im Namen Jesu am heiligen Pfingstfest, ihr, die ihr etwas von diesem Geist habt! Wandelt im Geist, geht treu um mit dem, was ihr empfangen habt, streckt euch nach dem, das da vorne ist! Was ist es, ihr Brüder, was vor uns liegt? Mehr von diesem Geist, nicht der Furchtsamkeit, sondern der Kraft und der Liebe und der Zucht! Danach strecken wir uns hin, da tritt alles andere zurück. Darum feiern wir Pfingsten. Unsere Losung ist: – es ist die meine; ist es auch die deine? – Vorwärts! Die Tore sind offen in Christo. Tretet ein, nehmet, empfanget!

2. Liebe, Freude, Friede, Geduld als Frucht des Geistes

Köstliche Frucht! Nicht wahr, auch dir köstlich? Oder möchtest du nicht lieben wollen mit lauterer, selbstloser Liebe; dich nicht freuen wollen mit reiner, unvermischter Freude; nicht Frieden empfinden wollen, der wie ein stiller, tiefer Strom durch die Seele geht; nicht Geduld haben wollen, die unter aller Last und allem Jammer still drunter bleiben kann? Nicht wahr, das möchten wir! Aber wo finden wir diese köstliche Frucht? Wächst sie auf dem Stamm unserer eigenen Natur? Ach nein, da wachsen traurige Früchte, deren wir uns schämen müssen. Der Apostel spricht von einer Frucht, die auf dem Boden des Heiligen Geistes gewachsen ist. Bist du in diesen Boden hineingesenkt? Sieh, auf diesem Boden treibt eine köstliche Frucht.

1. Die Liebe. Wie ist es so selig, wenn man lieben kann, wenn unsere Liebe nicht von dem Verhalten des Nächsten gegen uns abhängt! Wie wohl tut es auch, wenn uns reine, uneigennützige Liebe entgegentritt! Diese Liebe, wie die Bibel sie meint, die keinen anderen Beweggrund hat als eben Liebe, wächst nur auf dem Boden des Heiligen Geistes. Aus unserem eigenen Herzen kommt nur unreine, selbstische Liebe. Aber diese Liebe, die aus dem Geist kommt, sie tröstet Kranke und trägt mit an ihren Leiden und Schmerzen; sie deckt das Böse am anderen zu und legt nichts zum Schlimmen aus, sie bindet den Schurz um und dient, ohne nach Gegendienst auszuschauen. Hast du den Heiligen Geist empfangen? Eine Vorfrage: Ist deine Buße tief gewesen? Denn der Heilige Geist wohnt nur in denen, die zerschlagenen und gedemütigten Geistes sind. O Herr, zerschlage, Herr, grabe tiefer!

2. Die zweite Frucht des Heiligen Geistes ist *Freude*.

Was für Freude? Einmal: Freude am und im Herrn. Wie sollten wir uns sein nicht freuen? In ihm sind wir ja wieder in unserem Element wie ein Fisch im Wasser. Da ist uns wohl. „Ich freue mich und bin fröhlich in dir und lobe deinen Namen, du Allerhöchster" (Ps. 9,3).

Zum anderen die Freude an den Geboten Gottes. Ja, wir freuen uns ihrer und sprechen mit David: „Seine Gebote sind köstlicher denn Gold und viel feines Gold, sie sind süßer denn Honig und Honigseim." Früher waren sie bitter, nun ist's Freude, sie zu erfüllen.

Zum dritten die Freude an den Kindern Gottes. Welche Freude ist's, einen gebeugten Bruder, eine gebeugte Schwester zu sehen! Welche Freude, mit einem Bruder umgehen zu dürfen, auf dem der stille, sanfte, demütige Geist Christi ruht! Tersteegen schreibt an seinen Freund: „In dem Verkehr mit den Seinen gibt uns der Herr einen Vorgeschmack der Freude und Seligkeit, die wir haben werden, wenn wir ihn von Angesicht zu Angesicht schauen dürfen."

Ich nenne noch drei Freuden: die Freude, wenn ein Sünder zur Buße kommt, die Freude auf die selige Ewigkeit, die Freude an der Natur, an den Werken Gottes. Kennt ihr diese Frucht des Geistes? Habt ihr den Heiligen Geist empfangen? Ist eure Buße tief gewesen?

3. Die dritte Frucht des Geistes: *Friede*. Was ist Friede? Manches sieht nach Friede aus und ist doch nur ein Kirchhofsfriede. Wahrer Friede ist das Bewußtsein, daß ich alles für Zeit und Ewigkeit, fürs Leben und fürs Sterben im reinen habe, und das innere Wohlsein darüber: 1. Ich bin mit Gott im reinen, versöhnt mit Gott. „Gott war in Christo und versöhnte die Welt mit ihm selber. Nun wir denn sind gerecht geworden durch den Glauben, so haben wir Frieden mit Gott durch unseren Herrn Jesum Christum." 2. Ich bin mit allen Menschen im reinen. Sie mögen mir zürnen, ich habe nichts mit ihnen zu tun, als sie zu lieben. 3. Ich bin mit mir selbst, mit meinem Gewissen im reinen, mit mir selbst versöhnt und eins. 4. Ich bin mit der Zukunft im reinen. Es kann

mir nichts geschehen, als was er hat ersehen und was er haben will. Dieser „Er“ ist mein Gott und mein Heiland. 5. Ich bin mit meinen Fehltritten im reinen. Fehle ich noch aus Schwachheit, so sage ich es dem lieben Heiland, und er macht wieder gut, was ich versäumt habe. 6. Ich bin mit der Ewigkeit im reinen. Christus ist mein Leben und Sterben mein Gewinn.

Dieser Friede muß zu seiner Bewährung geprüft werden. Ist er auf dem Boden des Heiligen Geistes gewachsen, dann geht er unverletzt, ja gestärkt aus diesen Prüfungen hervor. Die Verhältnisse, in die wir gestellt werden, mögen noch so verworren und schwierig sein, unser Friede soll und kann darin ausreichen. Auch durch die Leiden soll er sich bewähren, nicht nur durch große Heimsuchungen, auch durch die kleinen Dinge des täglichen Lebens. Wenn die Menschen uns viel Verdrießlichkeiten in den Weg legen, wenn sie uns kränken und wehe tun, dann sollen wir denken: Gott steht dahinter – und unser Friede bleibt in uns. Ja, bei den kleinen und kleinlichen Dingen des Lebens soll sich's zeigen, ob mein Friede rechter Art ist.

Hast du diese Frucht des Geistes, den Frieden, der höher ist als alle Vernunft? Zweimal seid ihr schon gefragt worden: Ist eure Buße tief gewesen? Habt ihr den Heiligen Geist empfangen? Er verklärt uns den Heiland, den Friedefürsten, und macht uns mehr und mehr zu Friedenskindern.

4. Die vierte Frucht des Geistes: die *Geduld*. Wo Friede ist, kann auch Geduld sein. Was ist Geduld? Es ist keine Geduld, wenn es auf der Oberfläche ruhig scheint und im Inneren kocht. Gleichgültigkeit ist auch keine Geduld. Manche können schwere Heimsuchungen ruhig tragen, aber bei den kleinen Widerwärtigkeiten des Lebens werden sie kribbelig. Geduld ist nach dem genauen Sinn des griechischen Wortes stilles Drunterbleiben unter allem, was der Herr auflegt. Wir müssen in allen Fällen Geduld üben: Geduld in Leiden, die unmittelbar von Gott kommen, Geduld in Leiden, die

uns Gott durch andere Menschen bereitet. Letztere sind schwerer zu tragen, doch denke immer: die mir Böses zufügen, sind Werkzeuge in der Hand Gottes, um mich in der Geduld zu prüfen und zu üben.

3. „Ihr sollt mit dem Heiligen Geist getauft werden."

Apg. 1, 5

Damals rief es der Herr seinen Jüngern zu, nun darf ich es auch euch und mir zurufen: Ihr sollt mit dem Heiligen Geist getauft werden. „Ihr", das heißt: Ihr nach eurer ganzen Persönlichkeit, nach eurem ganzen Menschen sollt mit dem Heiligen Geist getauft werden. Legt daheim in der Stille kniend die Hand auf diese große Verheißung und bittet den Herrn: Tauche alles an unserem Menschen in den Heiligen Geist ein! Die Taufe wurde ja in der apostolischen Zeit so vollzogen, daß der ganze Körper, nicht nur ein Glied, ins Wasser getaucht wurde, zum Zeichen und zum Bekenntnis, daß alles an uns unrein ist, daß alles gewaschen werden muß. So ist's auch mit der Geistestaufe. Sie ist ein Unter- oder Eintauchen in den Heiligen Geist, so daß Geist, Seele und Leib davon ergriffen werden. Wir sollen so völlig in den Heiligen Geist getaucht werden, daß nichts unberührt bleibt, wir sollen so tief in den Heiligen Geist getaucht werden, daß wir gleichsam den Boden unter unseren Füßen verlieren. O, völliger und tiefer in die Geistestaufe hinein!

Der Verstand, die Erkenntnis, die von Natur verfinstert und gänzlich unwissend in geistlichen Dingen ist, soll durchdrungen werden vom Heiligen Geist, so daß wir erleuchtete Augen und Klarheit ins Wort Gottes bekommen. Ja, der Geist wird uns in alle Wahrheit leiten. – Auch der Wille soll eingetaucht werden in den Heiligen Geist und dem Willen Gottes untergeordnet werden. Den eigenen Willen brechen tut weh; aber einen zerbrochenen Willen haben ist etwas unaussprechlich Wohltuendes. – Auch die Gemütsbewegungen, die beim natürlichen Menschen in Unordnung geraten sind, sollen vom Heiligen Geist geregelt, besänftigt und stille gemacht werden. Die Glieder, die man so oft in den Dienst der Sünde gestellt hat, sollen nun durch die Geistestaufe zum Dienst des Herrn gebraucht werden.

Aber wie wird die Geistestaufe an uns vollzogen?

Zunächst laßt mich sagen: nicht mehr in solch auffälliger, sichtbarer Weise wie bei der ersten Ausgießung des Heiligen Geistes, wo es sich um die Stiftung der christlichen Kirche handelte. Die Geistestaufe ist etwas Heimliches, Innerliches, Geistliches, nicht mehr ein Rauschen, sondern ein unmerkliches, sanftes Säuseln, wie Tersteegen es beschreibt:

„Du Atem aus der ewgen Stille,
durchwehe sanft der Seele Grund!"

Mögen wir ihn auch nicht kommen hören, und mögen wir das innerliche Durchsalben nicht spüren, so treten doch nach außen die Früchte hervor.

Zum anderen: Wir haben die Geistestaufe nicht als totes Kapital in Händen, daß wir sie auch nur für einen Augenblick ohne Verbindung mit unserem Heiland haben könnten. Wenn wir in der Gemeinschaft mit unserem Heiland leben und mit ihm im Glauben zusammengewachsen sind wie die Rebe mit dem Weinstock, so läßt unser Haupt Jesus Christus stets neue Einflüsse seines Geistes in uns einströmen. Aber sobald wir von ihm treten, hört das Strömen des Geistes auf, und wir sind so geistesleer und unrein wie ehedem.

Zum dritten wird die Geistestaufe an uns vollzogen, indem allerlei Demütigungen, Zerbrechungen, Unterweisungen ihr vorhergehen und nachfolgen. Ich habe es erfahren, und du erfährst es auch: Wie zerbricht der Herr! Er tut es gründlich. Er sagt zu uns, den Seinen: „Du mußt herunter, liebe Seele! Du mußt noch demütiger werden." Als ich diesen Morgen meinen Lebensweg übersah, habe ich mich tief, tief geschämt. Dieser Weg der Zerbrechung mag oft sehr schwer, beschämend und schmerzlich sein, es mag durch äußere und innere Leiden gehen, aber sie sind unbedingt nötig, um mehr Heiligen Geist zu empfangen. Wir wollen uns gern zerbrechen lassen und auf die letzte Bank setzen.

Zum vierten geschieht die Geistestaufe an uns, indem wir dem Herrn stille halten, wenn er seine Finger auf diese oder jene wunde Stelle bei uns legt, die noch nicht geheiligt ist. Unser ganzer Mensch nach Leib, Seele und Geist soll ja mit dem Heiligen Geist getauft sein, auch die Glieder des Leibes. Hast du – ich will nur eins nennen – eine geheiligte Zunge und ein geheiligtes Ohr? O halte dem Herrn stille, wenn er strafend mit dem Finger auf deine Zunge und dein Ohr hinweist! Laufe nicht aus seiner Schule, ob es dir auch schwer wird! Bitte ihn: Entdecke alles und verzehre, was nicht in deinem Lichte rein! Der Geist, der das Unreine aufdeckt, wird es auch verzehren. Der Gott aber des Friedens heilige uns durch und durch!

Der Geist weht, wo und wie er will. Wir wollen am Flehen bleiben:

O Heilger Geist, kehr bei uns ein! Amen.

Ich bin dein

Der natürliche Mensch sagt: Ich bin mein. So denkt er, so redet er, so handelt er. Es ist die Frucht der Bekehrung, daß sich's umdreht und wahr wird: Ich bin dein. Und nur da ist die Bekehrung rechter Art, wo diese gründliche Veränderung stattfindet und das „Ich bin mein" sich verwandelt in das „Ich bin dein".

Ich bin dein, Herr Jesu, der du mich geliebet und dich selbst für mich dahingegeben hast, der du mein Heiland und mein Seligmacher bist. Wenn ich aber dein bin, so gehört dir alles, was ich bin und habe.

Die Glieder meines Leibes und meine Seele sind dein. Wie liegt es mir an, sie zu begeben zum Dienst der Gerechtigkeit, daß sie heilig werden (Röm. 6, 19–23)!

Meine Zeit ist dein. Ich sage mit David: „Meine Zeit

steht in deinen Händen." Ich will sie auskaufen für die Ewigkeit und zum Heil des Nächsten.

Mein Vornehmen ist dein. So der Herr will, will ich dies und das tun, und ich bin damit zufrieden, wenn der Herr einen Strich durch die Rechnung macht und meinen Weg anders führt.

Meine Familie ist dein. Ich höre, was Gott zu Abraham sprach: „Du sollst ein Segen sein", und möchte so gern mit meinem Hause dem Herrn dienen.

Mein Isaak ist dein, das Liebste, was ich habe. Mit Abraham möchte ich sprechen, wenn es zu mir heißt: „Nimm Isaak und opfere ihn": Hier bin ich!

Meine Sünden sind dein, auch die Sünden meiner Jugend. Denn du, mein Heiland, bist als das Lamm Gottes für meine Sünden gestorben, und an dir habe ich die Vergebung der Sünden.

„Ich hab vergessen meine Sünd,
als wär sie nie geschehn.
Du sprichst: Lieg still in mir, mein Kind,
du mußt auf dich nicht sehn."

Meine Schwachheit ist dein, die sündliche Art, mit der ich mein Leben lang zu streiten habe. Denn wir haben nicht einen Hohenpriester, der nicht könnte Mitleiden haben mit unserer Schwachheit, und ich darf mit Freudigkeit zu dem Gnadenstuhl hinzutreten, auf daß ich Barmherzigkeit empfange und Gnade finde (Hebr. 4, 14–16).

Meine Leiden sind dein. Ich weiß, ich muß durch viel Trübsal ins Reich Gottes gehen; aber du hast meine Leiden abgemessen, und sie dienen mir zum Besten. Die köstliche Verheißung ist mir auch gegeben: „Der Gott aller Gnade, der uns berufen hat zu seiner ewigen Herrlichkeit in Christo Jesu, derselbe wird euch, die ihr eine kleine Zeit leidet, vollbereiten, stärken, kräftigen, gründen" (1. Petr. 5, 10).

Mein Sterben ist dein. Ich gehöre dir ja an, der du dem Tode die Macht genommen hast und zu der Martha von Bethanien sprichst: „Ich bin die Auferstehung und das

Leben; wer an mich glaubt, der wird leben, ob er gleich stürbe." Das glaube ich mit der Martha, die die Herrlichkeit Gottes gesehen hat. Herr, stärke mir den Glauben!...

So bin ich denn mit allem dein. Ich sage es mit klarem, festem, nüchternem Geist, nicht etwa bloß in einer Gefühlserregung, und ich will es immer wiederholen: Ich bin dein, das Jahr ist dein, jeder Tag ist dein, Leben und Sterben ist dein, alles ist dein. Herr, du weißt alle Dinge.

Das Ziel der Heiligung

Nach Gal. 4, 19 soll Christus eine Gestalt in uns gewinnen. Was heißt das? Es heißt: Wir sollen den alten Menschen mit seinen Werken ausziehen und sollen den neuen Menschen, sollen Christum anziehen; wir sollen christusähnlich werden. Es ist nicht genug, daß sich etwas Christliches an uns findet, daß wir christliche Worte reden, je und dann christliche Gefühle und Empfindungen haben, zuweilen ein christliches Werk tun, sondern Christus soll in uns wohnen, soll aus uns heraus reden und handeln. Sein göttliches Leben soll an uns zu sehen sein, so daß in ähnlicher Weise, wie der Heiland zu Philippus sagt: „Wer mich siehet, der siehet den Vater", es von uns heißen kann: Wer sie sieht, der sieht ihren Meister; sie sind gesinnt wie er, sie reden wie er, sie handeln wie er.

Ja, ein hohes Ziel ist es, das der Apostel mit den Worten ausdrückt: „auf daß Christus in euch eine Gestalt gewinne." Andere Sprüche bestätigen es. Ich führe nur zwei an, den einen, wo Paulus von sich selbst sagt: „Ich lebe, doch nun nicht ich, sondern Christus lebt in mir; denn was ich jetzt lebe im Fleisch, das lebe ich im Glauben des Sohnes Gottes, der mich geliebet hat und sich selbst für mich dargegeben" (Gal. 2, 20). Der andere lautet: „Nun spiegelt sich in uns allen des Herrn Klarheit mit aufgedecktem Angesicht; und wir werden verklärt in dasselbe Bild von einer Klarheit zu der andern, als vom Herrn, der der Geist ist“ (2. Kor. 3, 18).

Wenn wir das hören, kann uns das nicht demütigen? Hat Christus in uns eine Gestalt gewonnen? Ist sein göttliches Leben an uns zu sehen? Ist Christi Sinn unser Sinn, Christi Wandel unser Wandel? Wenn wir an unser tägliches Leben denken, an unsern Ausgang und Eingang, an unser Reden und Schweigen, an unsern Handel und Wandel, an unsere Einsamkeit und Gemeinsamkeit, ist wohl bei uns, wie der selige Tersteegen es ausdrückt, in Wort und Werk und allem Wesen nur Jesus und sonst nichts zu lesen?

Ach, wie wird uns bei solchen Fragen, wenn sie dem Herzen recht nahe kommen, zumute! Wie kommt uns ein Schämen an!

Freundlichkeit

Was ist Freundlichkeit? Freundlichkeit ist der Abglanz des inneren Herzensfriedens im Verkehr mit andern, im Liebes- und Friedensumgang mit dem Nächsten. Freundlichkeit ist gleich der Geduld nur dort zu finden, wo das lebendige Bewußtsein ist, daß man alles im reinen hat. Die Geduld ist die Erweisung des Friedens in den mancherlei Leiden des Lebens. Freundlichkeit ist der Abglanz dieses Friedens nach außen hin. Sie kommt jedermann zugute, zunächst allerdings unsern Hausgenossen und Angehörigen, mit denen wir ja am meisten zusammen sind; dann aber auch denen, mit denen wir in einem ferneren Verkehr stehen, den Nachbarn und allen, mit denen unser Lebensweg uns irgendwie zusammenführt.

Im Worte Gottes ist öfter von der Freundlichkeit die Rede. Ich erinnere jetzt an zwei Stellen. Die eine steht im Epheserbrief: „Seid untereinander freundlich, herzlich, und vergebet einer dem andern, gleichwie Gott euch vergeben hat in Christo“ (Eph. 4, 32). Die andere

Stelle im Kolosserbrief ist wohl noch bekannter: „So ziehet nun an als die Auserwählten Gottes, Heilige und Geliebte, herzliches Erbarmen, Freundlichkeit, Demut, Sanftmut, Geduld" (Kol. 3, 12)

Diese liebliche Frucht des Geistes wirkt wie belebender Sonnenschein; besser kann ich sie nicht vergleichen. Das gilt freilich zunächst von der Freundlichkeit und Leutseligkeit unseres Heilandes. Sie ist der belebende Sonnenschein in diesem mühseligen Leben, und die Gläubigen erfahren neben dem heiligen Ernst des Herrn doch auch täglich von seiner großen Freundlichkeit und Liebe, die ihr Herz zum Loben und Preisen bringt.

Aber doch gilt es in zweiter Linie auch von menschlicher Freundlichkeit, daß sie wirkt wie Sonnenschein und erquickender Tau. Kürzlich sah ich diese Wirkung der Freundlichkeit noch an einem jungen Mädchen. Es lebte in einem unfreundlichen Hause. Kein freundlicher Blick, kein freundliches Wort, keine freundliche Hand. Man ließ sie es empfinden, daß ihre Anwesenheit eher lästig als willkommen sei und daß es eine Gnade sei, daß sie im Hause aufgenommen sei. Und das Mädchen kränkelte in seinem Gemüt dahin. Aber wie lebte es auf, als es in eine andere Umgebung kam, wo es freundliche Gesichter sah und nicht mehr das Gefühl hatte, daß es den andern eine beschwerliche Last sei! Ja, Freundlichkeit ist belebender Sonnenschein.

Herzensgüte

Unter Gütigkeit ist Herzensgüte verstanden, das Wohlwollen gegen jedermann, die herzliche Gesinnung gegen den Nächsten. Herzensgüte ist etwas Innerliches, kommt aber zum Vorschein im Umgang mit andern. Wie die Freundlichkeit ist sie ein Abglanz des inneren Friedens und kommt jedermann zugute, unsern Hausgenossen, unsern Nachbarn, allen Menschen, mit denen wir umgehen. Die Gütigkeit dient allen in Liebe. Obenan stehen die Kranken. Wir besuchen sie, trösten sie, gewähren ihnen tatkräftige Hilfe. Sind wir ihnen ferne, so suchen wir sie im Geiste auf, gedenken ihrer unwillkürlich, brauchen uns nicht dazu zu zwingen.

Ferner kommt die Herzensgüte unsern Feinden zugute. Du und ich, wir haben keine Feinde. Wir sind niemandem böse, mögen die Menschen uns auch zürnen, weil wir nicht mit ihnen ihre verkehrten Wege gehen, vielmehr sie deshalb strafen müssen. Denn die Herzensgüte kann auch sehr ernst reden, hat sie doch das Wohl des andern im Auge und haßt sie doch die Sünde, welche die Menschen um ihr zeitliches und ewiges Heil bringt und in ihr Elend hineinstürzt. Darum strafen wir die Sünden unserer Feinde, aber sie selbst lieben wir und sammeln, wo sich Gelegenheit dazu findet, feurige Kohlen auf ihr Haupt. Wie es in der Schrift heißt: „Hungert deinen Feind, so speise ihn!"

Wo Herzensgüte ist, da ist man beständig und gleichmäßig, nicht mit Launen geplagt, heute so und morgen so. Wir gehen, wie Tersteegen es ausdrückt, in süßer Gleichheit fort. Nichts ist wohltuender für unsere Hausgenossen, als wenn wir vor ihnen und mit ihnen in dieser gleichmäßigen Freundlichkeit wandeln, nicht verkehrt, nicht ungeduldig, nicht verstimmt, nicht auffahrend. Und diese Herzensgüte gewinnt auch für den Herrn. Denn wo Herzensgüte ist, da sinnt man immer darüber nach: Wie kann ich diesem oder jenem zum Segen werden? Dann wird man so vorsichtig in seinem Wandel, nimmt sich so zusammen in seinen Stimmungen, damit man bei andern durch launisches Wesen keinen Anstoß erregt und ihrem Seelenheil schadet.

Die Liebe höret nimmer auf

O, wenn wir in Wahrheit erlöst sind von dem eigenen Leben, von dem eigenen Ich, wenn die Liebe Gottes in unsere Herzen ausgegossen ist durch den Heiligen Geist, wenn die Liebe Christi uns dringt und wenn wir in dieser Liebe untereinander verbunden sind, dann wissen wir, diese Liebe höret nimmer auf! O meine Freunde, so manche meiner Lieben sind nicht mehr hier, sie sind gestorben, und es mag wohl auch bei dir so sein. Aber wenn ich an meine Lieben denke, deren Stätte leer geworden ist und in deren leibliches Angesicht ich nicht mehr sehen kann, ich meine, ich hätte sie noch lieber als früher, meine Liebe zu ihnen hätte noch zugenommen, wäre noch wärmer, inniger, reiner.

O, wie steht ihr Bild mir vor Augen! Da tritt bald der eine, bald der andere vor mein inneres Auge hin – treue Zeugen der Wahrheit, die früher in Erweisung des Geistes und der Kraft das Evangelium gepredigt haben, oder liebe Angehörige, Gottes Kinder, die nicht mehr hier sind – ihr Bild tritt vor mich hin, freilich nicht mehr in menschlicher Schwachheit, sondern in der Klarheit des Herrn. Wie fühlt man sich so innig mit ihnen verbunden, mit diesen lieben Gotteskindern, die nicht mehr hier auf Erden sind, die man früher gekannt und geliebt hat! Ja, die Liebe höret nimmer auf.

Und darin haben wir auch den ganz sicheren Beweis, daß wir uns wiedersehen. Wenn die Liebe nimmer aufhört, dann muß sie die, die in dieser Liebe untereinander verbunden sind, wieder zusammenführen. Es kann nicht anders sein, trotz Trennung, trotz Tod, trotz Grab. Die Liebe höret nimmer auf.

Zwei Briefe

An eine kranke Verwandte

Ich möchte Dich gerne noch einmal durch diesen Brief besuchen, meine liebe Leidensschwester, ein Leidender die andere. Und dann besuche ich auch im Geiste die liebe Tante Mathilde zu Gütersloh und die liebe Julchen zu Niederelben und Minchen Stöcker, die noch im Krankenhaus zu Waldbröl ist, und den Boten Scheffels, der an der Gürtelrose erkrankt ist, und die langjährige Dulderin Frau Madel zu Stockheim. Ach ja, Kranke oder Leidende genug, auch in der näheren Bekanntschaft! Der Herr tröste und stärke sie alle und fördere sein Werk bei uns!... Die Wege Gottes sind gut, wenn wir sie auch nicht verstehen. Gott, tröste uns und laß uns leuchten dein Antlitz, so genesen wir...

An einen Neffen vor dessen Wahl zum Pfarrer

Ich hoffe, mein Junge, Du wirst etwas einfältiger und blickst stille auf den Herrn und glaubst kindlich seinem Wort. Jetzt besiehst Du immer alles an Dir selbst und an Deiner Untüchtigkeit und wirst dann immer kleinmütiger und verzagter. Du sollst ja nicht Dein eigener Herr sein und Deine Sache treiben, sondern Du sollst ein Knecht sein, und da wird nicht mehr von Dir gefordert, als daß Du Dich willst treu erfinden lassen. Für das übrige wird der Herr sorgen. Also quäle Dich nicht so!

Zu Deinem Troste will ich Dir noch mitteilen, was ich gestern abend unter anderm in einem Andachtsbuch über Jesaja 51, 3 las: Wer kann die Verheerungen beschreiben, welche die Sünde in uns angerichtet hat? Wenn der Geist Gottes uns wiederum die ganze Zerrüttung aufdeckt, an der wir darniederliegen, da meinen wir, es sei nicht möglich, daß wir von einem solchen Zustand wieder aufkommen werden. Das arme Herz ist ein ödes Gefilde, auf dem nur Trümmer liegen, aber so verwüstet auch dieser Garten des Herrn ist, so geht er doch noch einer seligen Zukunft entgegen. Weiter will ich nichts hinzusetzen; ich befehle Dich dem Herrn und seiner Gnade.

WEITERE BÜCHER AUS DEM VERLAG DER LIEBENZELLER MISSION (AUSWAHL):

Arno Pagel
Otto Funcke – Ein echter Mensch – ein ganzer Christ
EDITION C Nr. M 45, 80 Seiten

Otto Funcke (1836-1910) war durch viele Jahrzehnte einer der bekanntesten und beliebtesten christlichen Schriftsteller in Deutschland. In wundervoller Natürlichkeit sind bei ihm Himmelssinn und Erdentreue vereinigt. Eine lebendige und farbig geschriebene Biographie.

Arno Pagel
Professor Theodor Christlieb
Pastor Alfred Christlieb
Die Lebensgeschichte zweier Männer, die Christus und die Brüder liebten
EDITION C Nr. C 94, Paperback, 144 Seiten

Dieses Buch bringt die lebendigen Biographien von „Vater und Sohn Christlieb". Der Vater – in Süddeutschland geboren – fand seinen besonderen Platz als Theologieprofessor in Bonn. Von dort aus gründete er auch das „Johanneum". Der Sohn hatte nach der Ausbildung die Pfarrstelle in Heidberg im Oberbergischen Land inne, wo er Erweckung erleben durfte, ebenso viel Durchhilfe, auch in Krankheitsnot. Ein ermutigendes, glaubensstärkendes Buch.

Arno Pagel und Fritz Grünzweig zum 70. Geburtstag:
Kurt Heimbucher/Traugott Thoma (Hrsg.)
Diener Jesu Christi
Bekannte Persönlichkeiten berichten aus ihrem Leben
EDITION C Nr. C 133, Paperback, 144 Seiten, mit 18 Fotos

Mit Beiträgen von Kurt Heimbucher, Dr. Gerhard Bergmann (von Traugott Thoma), Wilhelm Busch, Paul Deitenbeck, Konrad Eißler, Fritz Grünzweig, Heinrich Kemner, Prof. Dr. Adolf Köberle, Dr. Heiko Krimmer, Ernst Krupka, Prof. Dr. Walther Künneth, Arno Pagel, Prof. Dr. Hans Rohrbach, Leonhard Roth, Paul Walter Schäfer, Willy Scheyhing, Erich Schnepel, Ernst Vatter.

EDITION C

M = Medium (12 x 19 cm)